Restart 日本語 – 문법

리스타트 일본어

문법

BOOKSTORY

■ ■ ■ 이 책에 대하여

모국어 간섭을 배제한 외국어 학습서
외국어는 이미지와 함께 배울 때 가장 효과적!

그동안 『Grammar in Use』와 같은 영어로 영어를 공부하는 책이 꾸준한 사랑을 받아왔으며, 최근에는 그림과 영어로만 이루어진 영어 학습서들이 독자들에게 뜨거운 사랑을 받고 있습니다. 이런 책들의 핵심 목표는 모국어 간섭을 받지 않는 외국어 학습에 있습니다. 한국어로 이해하고 그것을 외국어로 번역하여 떠올리는 것이 아니라, 그림이나 상황을 외국어로 바로 떠올리며 학습하는 것입니다. 이러한 모국어를 배제한 학습 방법은 몇 가지 이유에서 매우 효과적이라 할 수 있습니다.

· 어떤 상황에 가장 어울리는 최적의 단어를 순간적으로 끌어내는 데에 매우 효과가 크다.
· 그렇기 때문에 자연스럽게 생활 외국어로 이어진다.
· 그림을 보고 단어를 생각해내는 것은 학습인 동시에 문제풀이도 되므로 이중 학습효과를 얻을 수 있다.
· 모국어가 최대한 배제되어 100% 외국어 환경에서 학습을 하는 효과가 있다.
· 직독직해와 작문능력의 기초능력이 마련된다.

문법에 대해 부담감을 가진 외국어 학습자라면, 리스타트 일본어 문법편이 훌륭한 돌파구가 될 수 있을 것입니다. 익숙한 동사와 형용사가 이미지로 표현되고 반복적으로 등장하여 초급 탈출에 필요한 문법과 어휘의 대부분을 익힐 수 있기 때문입니다.

여러분은 MP3를 들으면서 이 책을 반복해서 읽기만 하면 됩니다. 그러다 보면 어느새 문법의 기초가 잡히고 주변에서 일어나는 일들을 일본어로 생각하고 말할 수 있는 경험을 하게 됩니다.

■ ■ ■ ■ 사전 평가단의 추천

문법 NO! 상황 이해 OK!

보통 학습서는 동사, 형용사와 같은 문법 설명을 위주로 구성되어 있어요. 하지만 막상 외국어로 말을 하려고 해도 얼른 문법이 적용되지 않는 것을 느끼셨을 겁니다. 이 책은 한글 설명 없이 간단한 그림과 기초적인 단어, 짧은 문장만으로 이루어져 있는데요. 그림으로 상황을 제시하고 그것을 일본어로 생각하게 하는 것이 이 책의 가장 큰 특징이라고 할 수 있겠네요.

- 서울 양천구 목동 김지현 님(30세, 여)

그림을 보면 일본어 단어가 생각나요!

처음에 그림을 보니 아무 생각 안 나더군요. 그런데 몇 페이지 정도 읽어보니까 그 그림을 한마디로 요약하는 '단어'가 생각나는 게 아니겠어요? 어디론가 달려가는 그림을 보면 '하시루(달리다)'나 '이꾸(가다)' 같은 단어가 퍼뜩 떠오르는 겁니다.

- 인천 부평구 부평동 조규식 님(26세, 남)

문장이 일본어로 생각나요!

지나가는 고양이를 보면 "아! 네꼬다!(아! 고양이다!)" "쿠로이 네꼬다!(검은 고양이다!)" 또는 "쿠로이 네꼬가 입삐끼 이루!(검은 고양이가 한 마리 있다!)" 정도의 문장이 저절로 입에서 튀어나와요. 더 나아가 제 주위의 사물과 물건을 저도 모르게 일본어로 생각하는 경험을 하게 되었어요.

-서울 강남구 논현동 한지희 님(24세, 여)

일본어로 중얼거리게 돼요!

책을 두 번 정도 읽으니까 주변 상황을 일본어로 중얼거리는 버릇이 생기더라고요. '내 주위에 사람이 몇 명 있다' '집은 멀다' ' 전철을 타고 간다' '한 시간 걸린다' 등등 아직은 좀 미숙하지만 짧은 단어를 자꾸 이어 붙여서 문장을 만들고 미친 사람처럼 자꾸 중얼거리게 됩니다.

- 경기 시흥시 정왕동 이도수 님(27세, 남)

자신감이 생겨요!

사실 그동안 일본어 책을 되게 많이 샀는데 끝까지 본 책은 하나도 없고, 포기했다가 다시 시작하고 또 포기하고 그랬거든요. 그러다가 이게 마지막이라는 생각으로 본 책인데 뒤의 연습문제까지 다 풀어버렸어요. 자신감이 생기네요. 다음 책 언제 나와요?

- 서울 마포구 용광동 김윤진 님(28세, 여)

■ ■ ■ 사전 평가단의 추천

오래전에 포기했던 일본어, 다시 시작하렵니다

원고를 보는 순간 고등학교 때 제2외국어로 배웠던 일본어가 새록새록 다시 생각나네요. 페이지를 넘길 때마다 "맞다, 이거 배웠었지" 하면서 괜히 기분이 업 되더군요. 그러다 보니 자신감도 생기고요. 책이 나오면 다시 시작해서 저의 경쟁력으로 삼을 겁니다.

— 서울 성북구 삼양동 최은영 님(26세, 여)

간단한 문장을 반복하는 것이 외국어 실력 향상의 지름길입니다

외국어를 배울 때 문법만 외우는 경우가 많은데, 일단 기본 문장을 먼저 외우고 나서 문법을 공부하면 더 좋은 것 같습니다. 쉬운 문장이 계속 반복되니까 문법이 저절로 익혀지고 단어도 쉽게 외워지더군요. 일본어 공부하다 계속 실패하신 분은 이 책으로 다시 도전해보세요.

— 서울 구로시 구로동 홍성기 님(32세, 남)

이거 될 것 같네요. 쉬워 보여요

전 일본어를 전혀 모르는데요, 그림만 봐도 대충 내용이 짐작이 가더군요. 그럼 아, 이 단어는 이런 뜻이겠구나, 하는 감이 팍 오더라고요. 그리고 단어를 찾아보면 아니나 다를까 제 생각이 맞더군요. 첫 번째 빨간 책 『Restart 日本語』는 한글로 읽는 법이 적혀 있어서 따로 일본어 글자를 외우지 않아도 부담 없이 시작할 수 있는 것 같네요.

– 서울 강남구 서초동 김서연 님(25세, 여)

일본어 공부하고 싶어지게 만드는군요

취업 때문에 한 달 정도 문법책 보면서 독학했었는데요, 조금 하다가 포기했어요. 히라가나도 다 잊어버리고 건진 거라곤 '와따시와 강꼬꾸진' 요거뿐이네요. 한동안 잊고 지내다가 이 책을 봤는데 반 정도 읽으니까 일본어가 어떤 언어인지 대충 감이 오더라고요. 저번에 하던 게 생각나서인가? 일본어 공부를 하고 싶게 만드는 책이랄까…. 하여튼 이 책은 그렇습니다.

– 경기 부천시 송내동 정현우 님(28세, 남)

CONTENTS

- 이 책에 대하여 　　　　　　　　　　　　　　4
- 사전 평가단의 추천 　　　　　　　　　　　　6
- **リスタート日本語 文法** RESTART JAPANESE GRAMMAR 　13
- **練習問題** EXERCISES 　　　　　　　　　　185
- **解答** ANSWERS 　　　　　　　　　　　　265
- **ワードリスト** WORD LIST 　　　　　　　　273
- **基礎文法** BASIC GRAMMAR 　　　　　　　299

リスタート日本語 文法
RESTART JAPANESE GRAMMAR

部屋の中に
テーブルがあります。

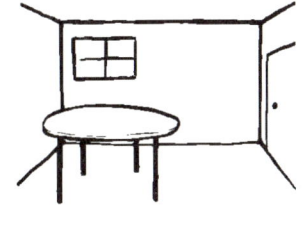

テーブルの前に
いすがあります。

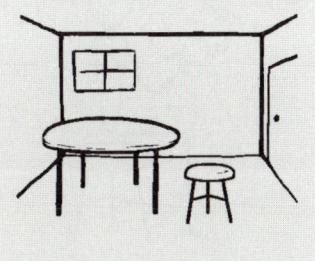

山田さんが
いすに座っています。

山田さんは
本を読みます。

山田さんは
リスタート日本語を
読んでいます。

この本は
大きくありません。
小さいです。

電車の中で勉強します。

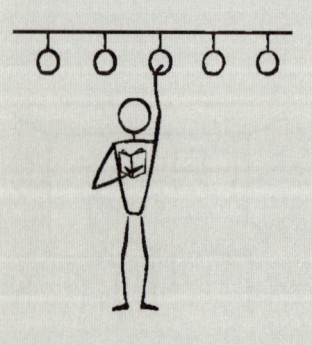

トイレでも勉強します。

この本は
難しくありません。
とても易しいです。

この本には
かわいい絵が
多いです。

ねこ　犬　さる　ウサギ

漢字は多くありません。

MP3もあります。

MP3を聞きながら
本を読みます。

おもしろい練習問題も
あります。

単語リストも
あります。

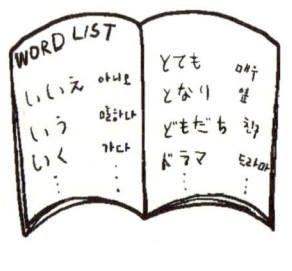

このねこは大きい。

このねこは小さい。

大きいねこは白い。

小さいねこは黒い。

これは
山田さんのねこだ。

山田さんのねこは
大きくて白い。

これは
ジョンソンさんのねこだ。

ジョンソンさんのねこは
小さくて黒い。

このねこは
しっぽが長い。

このねこは
しっぽが短い。

しっぽの長いねこは
大きい。

しっぽの短いねこは
小さい。

大きくてしっぽの長い
ねこは白い。

小さくてしっぽの短い
ねこは黒い。

大きくて白くて
しっぽの長いねこは
山田さんのねこだ。

小さくて黒くて
しっぽの短いねこは
ジョンソンさんのねこだ。

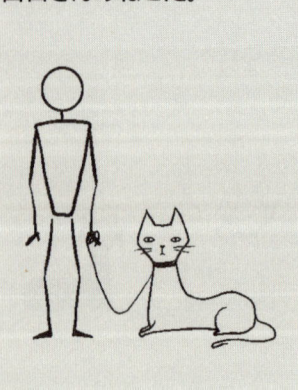

このマンションは高い。 	このマンションは 高くない。 
このアパートは低い。 	このアパートは低くない。 

コンビニは近い。 コンビニは遠くない。 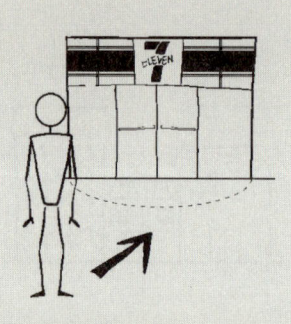	デパートは遠い。 デパートは近くない。 
カメは遅い。 ウサギは遅くない。 	ウサギは速い。 カメは速くない。 

夏は暑い。

冬は暑くない。

冬は寒い。

夏は寒くない。

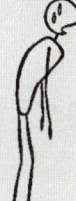 

この海は深い。

この海は深くない。

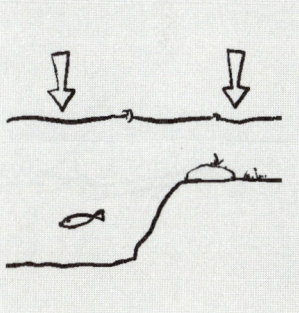

ここは浅い。

ここは浅くない。

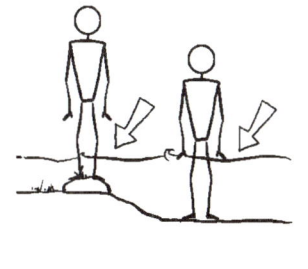

ジョンソンさんは重い。	山田さんは重くない。
山田さんは軽い。	ジョンソンさんは軽くない。

今
山田さんの猫は大きい。

１年前
山田さんのねこは大きくなかった。

山田さんの猫は小さかった。

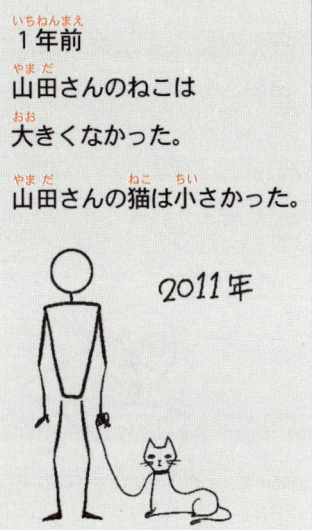

今
ジョンソンさんは重い。

３年前
ジョンソンさんは重くなかった。

ジョンソンさんは軽かった。

今
山田さんは目が悪い。

2012年

5年前
山田さんは目が悪くなかった。

山田さんは目がよかった。

2007年

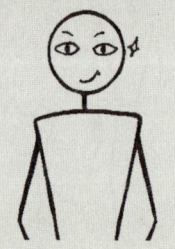

今
ジョンソンさんは日本語の成績がいい。

2012年
7月

6ヶ月前
ジョンソンさんは日本語の成績がよくなかった。

ジョンソンさんは日本語の成績が悪かった。

2012年
1月

走る

速く走る

叫ぶ
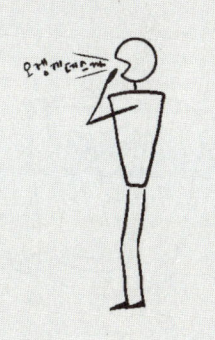

大きく叫ぶ

水→暖かくなる

熱くなる→沸く

水→冷たくなる

冷たくなる→凍る

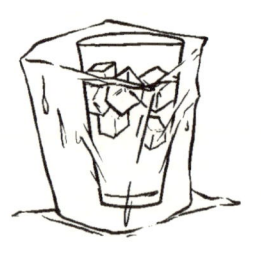

そら と ひ こう き
空を飛ぶ飛行機。

たか と ひ こう き
高く飛ぶ飛行機。

ひく と ひ こう き
低く飛ぶ飛行機。

つち ほ
土を掘る

ふか ほ
深く掘る。

あさ ほ
浅く掘る。

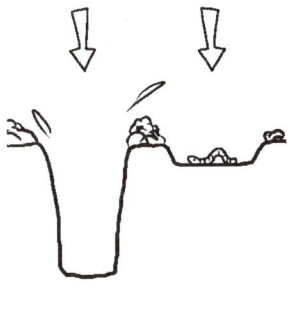

風が強く吹く。

風が弱く吹く。

日が出る。

明るくなる。

日が沈む。

暗くなる。

天気がいい。

散歩に行く。

天気がよければ

散歩に行く。

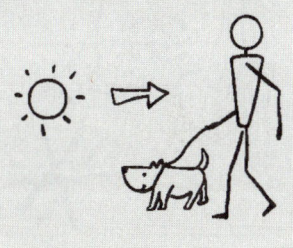

天気が悪い。

テレビを見る。

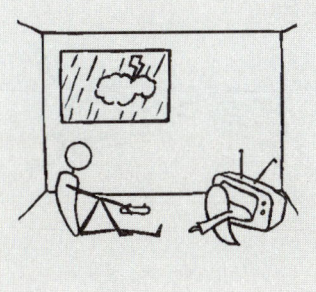

天気が悪ければ

テレビを見る。

値段が高い。

買わない。

値段が高ければ
買わない。

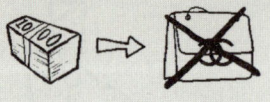

おいしい。
たくさん食べる。

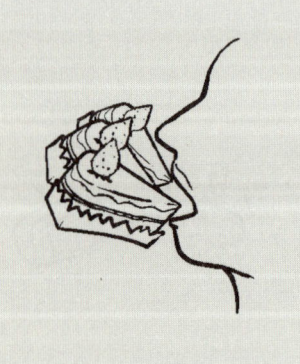

おいしければ
たくさん食べる。

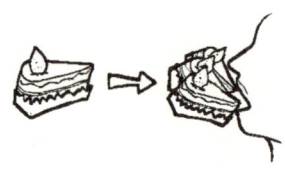

この猫は大きい。

この猫は大きいです。

この猫は大きくない。

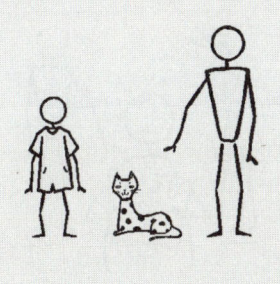

この猫は大きくないです。

この猫は大きくありません。

ジョンソンさんは 目が悪い。	ジョンソンさんは 目が悪いです。

ジョンソンさんは 日本語の成績が よくない。	ジョンソンさんは 日本語の成績が よくありません。

一昨年の夏は暑かった。

2010年

去年の夏も暑かった。

2011年

今年も夏は暑い。

2012年

来年の夏は？

暑いだろう。

2013年

この水は？ 冷たいだろう。 ↓ 	この水は？ 熱いだろう。 ↓ 
日曜日 学校には だれもいないだろう。 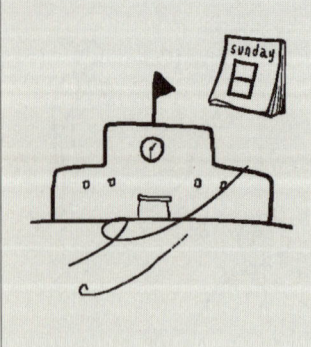	彼はお金が多いだろう。 

この部屋はきれいだ。

きれいな部屋は
ジョンソンさんの部屋です。

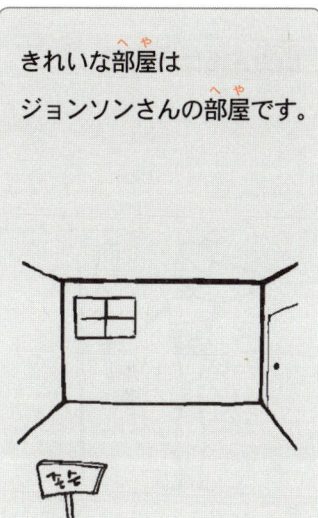

この部屋は
きれいではない。

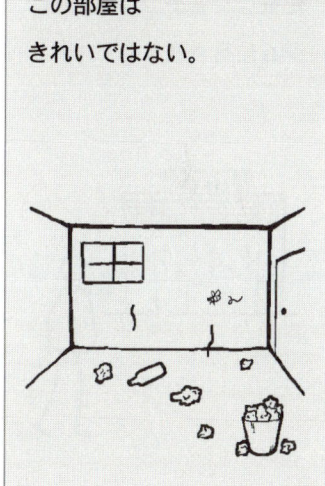

きれいではない部屋は
山田さんの部屋です。

山田さんは病気だ。 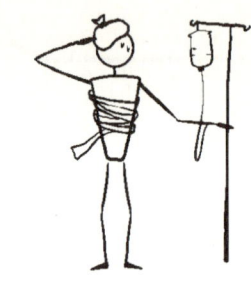	病気な山田さんは病院に行きます。 
ジョンソンさんは元気だ。 	元気なジョンソンさんはジムに行きます。 

ジョンソンさんは
絵が上手だ。

これは
ジョンソンさんの絵です。

山田さんは絵が下手だ。

これは山田さんの絵です。

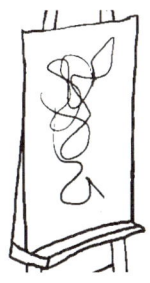

この魚は新鮮だ。

新鮮な魚は
食べることができる。

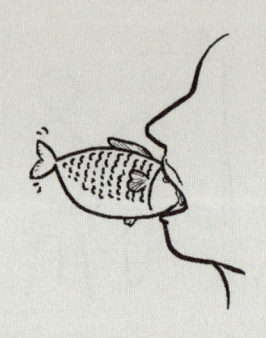

この魚は新鮮ではない。

新鮮ではない魚は
食べることができない。

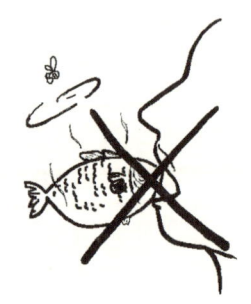

きのうこの魚は
新鮮だった。

きょうは新鮮ではない。
臭い〜

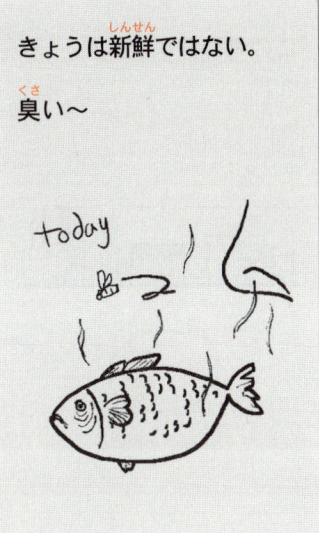

新鮮な魚を
冷蔵庫に入れる。

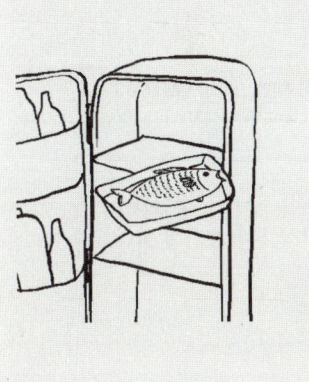

明日も新鮮だろう。

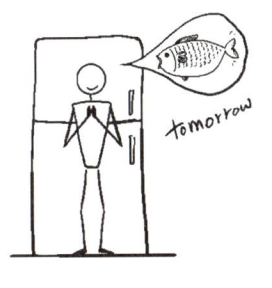

この町は静かでした。	今は静かではありません。
この町はにぎやかでした。	今はにぎやかではありません。

静かだった町が

にぎやかになりました。

かすかだ
彼女の顔がかすかに見える。

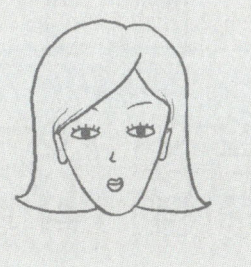

鮮やかだ
彼女の顔が鮮やかに見える。

わやわや	うるさい教室

静かにしてください。	教室が静かになりました。

ひよわだった子が 	すこやかになった。 
韓国のおばさんは 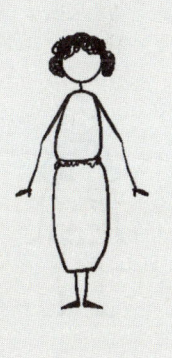	とても速やかです。 

顔はきれいだが
服はきれいではない。

顔はきれいではないが
服はきれいだ。

顔はきれいで
服もきれいです。

顔も服もきれいでは
ありません。

山田さんは
肉が好きです。

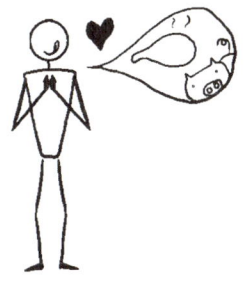

山田さんの
好きなものは
何ですか？

山田さんは
甘いものが好きです。

山田さんの
好きなものは
何ですか？

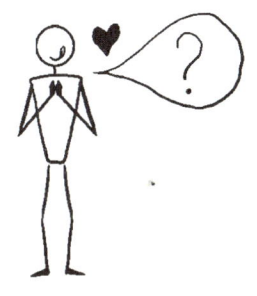

self check

ジョンソンさんは 果物が好きです。 	ジョンソンさんの 好きなものは 何ですか？ 
ジョンソンさんは 果物は好きですが バナナはきらいです。 	ジョンソンさんの きらいなものは 何ですか？ 

きたない服を洗濯すると 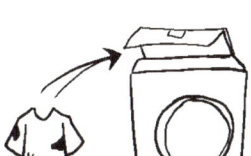	きれいになる。
きれいだった服が 	きたなくなった。

緩やかな坂道をのぼる。	急にかたむいた坂道をのぼる。
ひもを緩やかに結ぶ。	ひもをかたく結ぶ。

AとBの長さはおなじだ。 A ▭ B ▭	この二人は名前が同じだ。 
この二人は 同じ服を着ている。 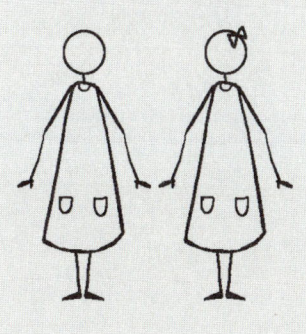	この二人は 同じ日に生まれた。 

日本語の動詞はう段で終ります。

あ	い	ⓤ	え	お
か	き	ⓒ	け	こ
さ	し	ⓢ	せ	そ
た	ち	ⓣ	て	と
な	に	ⓝ	ね	の
は	ひ	ⓕ	へ	ほ
ま	み	ⓜ	め	も
や		ⓨ		よ
ら	り	ⓡ	れ	ろ
わ		を		ん

動詞の基本形はう段です。

歩く

飲む

食べる

運動する

作る

行く

来る

見る

歩く
ARU+KU

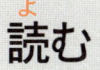
読む
YO+MU

話す
HANA+SU

座る
SUWA+RU

見る MI+RU 	**着る** KI+RU 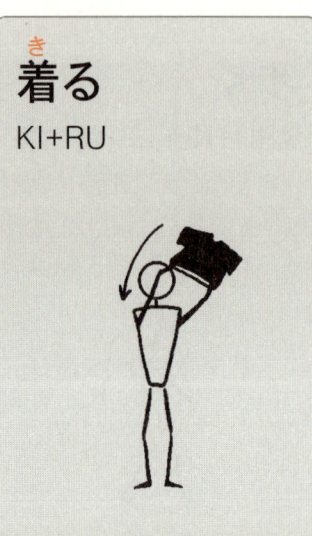
落ちる OCHI+RU  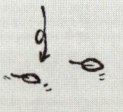	**起きる** OKI+RU  

食べる
TABE+RU

考える
KANGAE+RU

入れる
IRE+RU

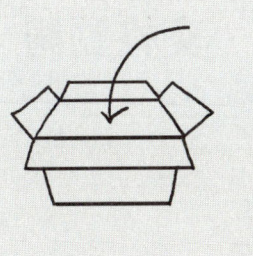

割れる
WARE+RU

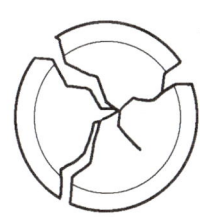

self check   57

日本語の動詞は4つの種類があります。

5段動詞

上1段動詞

下1段動詞

変格動詞

5 段動詞は
るで終わりません。

歩く
ARU+KU

読む
YO+MU

話す
HANA+SU

るで終わる5段動詞もあります。

るの前があ・う・お段で終わる動詞は5段動詞です。

座る
SUW+A+RU

作る
TSUK+U+RU

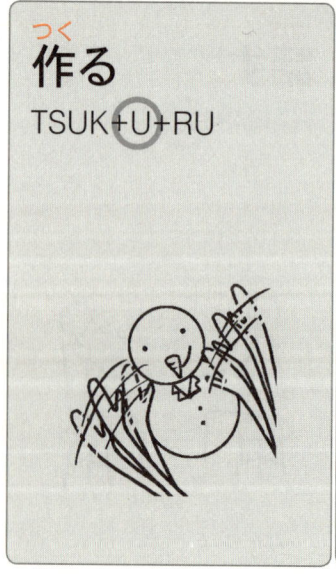

踊る
OD+O+RU

これは上１段動詞です。

見る
M+I+RU

着る
K+I+RU

落ちる
OCH+I+RU

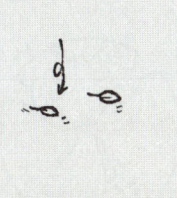

起きる
OK+I+RU

上１段動詞は
るの前がい段です。

これは下一段動詞です。

食べる
TAB+E+RU

考える
KANGA+E+RU

入れる
IR+E+RU

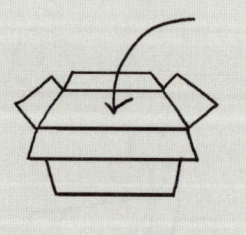

割れる
WAR+E+RU

下一段動詞は
るの前がえ段です。

これは変格動詞です。

する

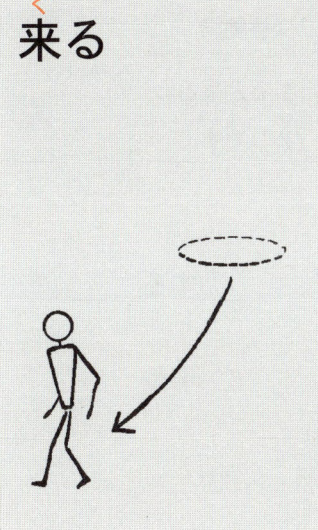
来る

変格動詞は
すると来る
2つです。

5段動詞

るで終わりません。

るの前があ・う・お段です。

XXX+~~R~~U
　　A
XXX+U+RU
　　O

上1段動詞

るの前がい段です。

XXX+I+RU

下1段動詞

るの前がえ段です。

XXX+E+RU

変格動詞

すると来る
2つです。

する

来る

動詞はその形が変わります。

座る

座らない。

座っています。

座った。

起きる

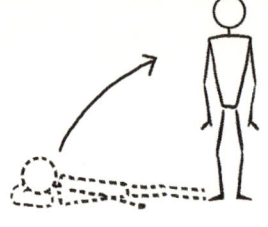

起きない。

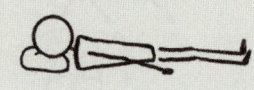

起きている。

起きた。

食べる

食べない。

食べている。

食べた。

しない	来(こ)ない
した	来(き)た
する	来(く)る
しろ	来(こ)い
しよう	来(こ)よう

話す 	話すは5段動詞です。 
話すはすで終わります。 話すはるで終わりません。 HANA+SU	ですから5段動詞です。

落ちる 	落ちるは上1段動詞です。 
落ちるはるで終わります。 るの前がい段です。 OCH+I+RU	ですから上1段動詞です。

考える 	考えるはるで終わります。 KANGA+E+RU
るの前がえ段です。 KANGA+E+RU	ですから下1段動詞です。

する	来る
	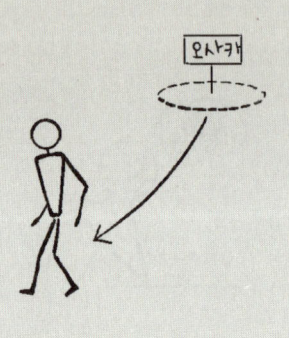
するとくるは5段動詞に見えます。 SU+RU KU+RU	変格動詞はするとくる2つです。

5段動詞の活用

話さない

話した

話す

話せ

話そう

HANA-SA-NAI

HANA-SHI-TA

HANA-SU（基本形）

HANA-SE

HANA-SO-U

HANA-SA-NAI

HANA-SHI-TA

HANA-SU（基本形）

HANA-SE

HANA-SO-U

あいうえお
5段に活用します。

ですから
5段動詞と言います。

上1段動詞の活用

起きない

起きた

起きる

起きろ

起きよう

O-KI-NAI

O-KI-TA

O-KI-RU（基本形）

O-KI-RO

O-KI-YOU

O-KI-NAI

O-KI-TA

O-KI-RU（基本形）

O-KI-RO

O-KI-YOU

上1段動詞は
い段に活用します。

い段は基本形の
う段の1つ上ですから
上1段動詞と言います。

下一段動詞の活用

食べない

食べた

食べる

食べろ

食べよう

TA-BE-NAI

TA-BE-TA

TA-BE-RU(基本形)

TA-BE-RO

TA-BE-YOU

TA-B(E)-NAI

TA-B(E)-TA

TA-B(E)-RU(基本形)

TA-B(E)-RO

TA-B(E)-YOU

下一段動詞は
え段に活用します。

え段は基本形の
う段の1つ下ですから
下一段動詞と言います。

変格動詞の活用

しない	SHINAI
した	SHITA
する	SURU
しろ	SHIRO
しよう	SHIYOU

こない	KONAI
きた	KITA
くる	KURU
こい	KOI
こよう	KOYOU

すると来るは
るの前がう段です。

S̶U̶+RU

K̶U̶+RU

しかし
5段動詞ではありません。

切る 走る 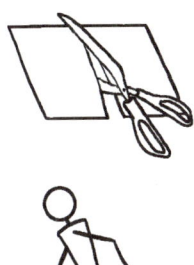	切ると走るは るの前がい段です。 しかし 上1段動詞ではありません。
帰る 滑る 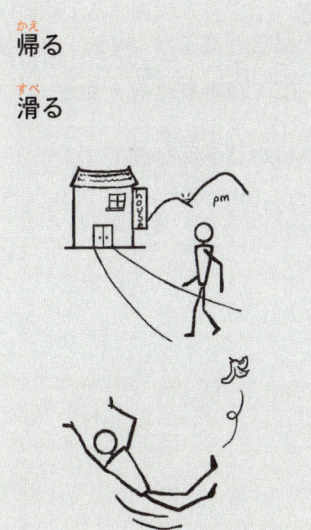	帰ると滑るは るの前がえ段です。 しかし 下1段動詞ではありません。

切る 走る K+I+RU HASH+I+RU	切ると走るは 上1段動詞に見えます。 しかし5段動詞です。
帰る 滑る KA+E+RU SUB+E+RU	帰ると滑るは 下1段動詞に見えます。 しかし5段動詞です。

入(はい)る
要(い)る

切(き)る
走(はし)る

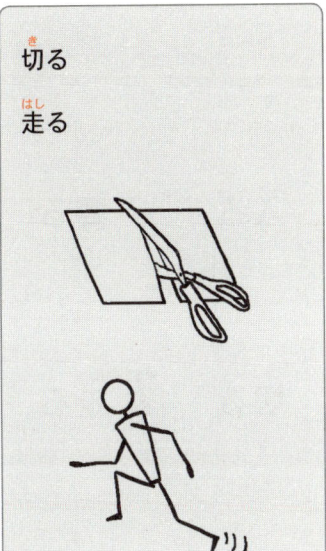

滑(すべ)る
抓(つね)る

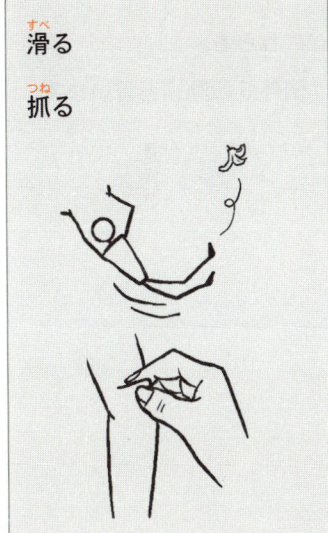

減(へ)る
蹴(け)る

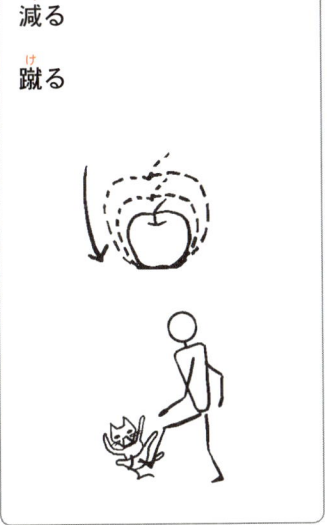

入(はい)る　　要(い)る 切(き)る　　走(はし)る	滑(すべ)る　　抓(つね)る 減(へ)る　　蹴(け)る
これらは上下1段動詞に見えます。 しかし5段動詞です。	これらを例外5段動詞と言います。

猫はここにいる。 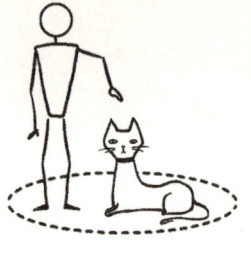	猫はそこにいない。 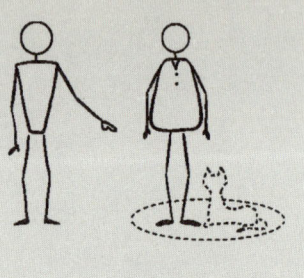
りんごはそこにある。 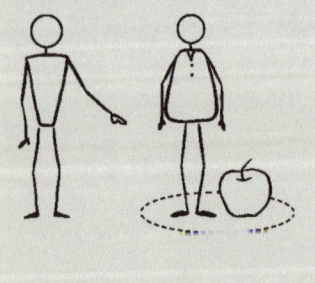	りんごはここにない。 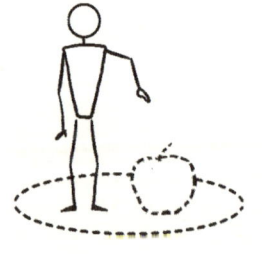

猫はここにいる。

猫はここにいない。

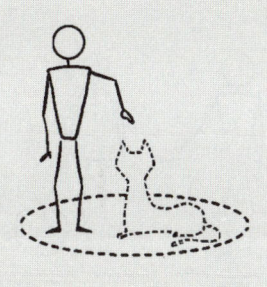

猫はそこにいる。

猫はここにいた。

今はここにいない。

そこにいる

りんごはそこにある。 	りんごはここにない。 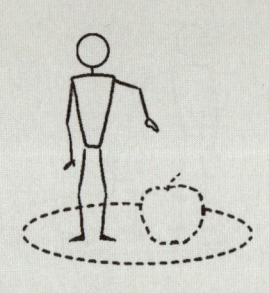
りんごはそこにあった。 今はそこにない。 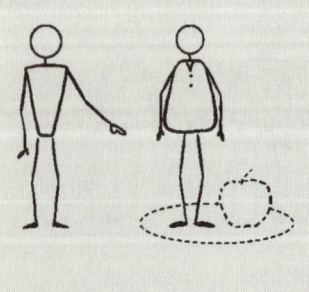	今はここにある。 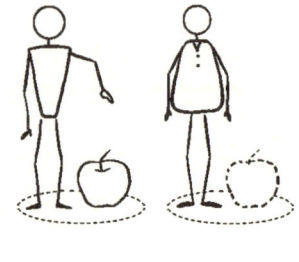

この人は山田さんだ。

これは山田さんの猫だ。

ここは
山田さんの部屋だ。

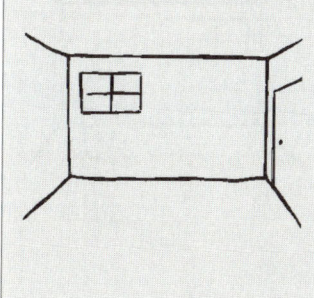

山田さんは
猫と一緒に
住んでいる。

部屋の中に 椅子がある。	椅子の方へ行く。
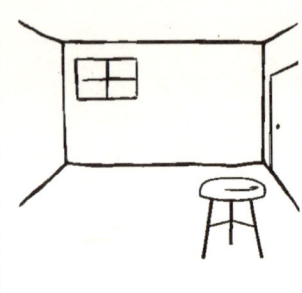	
椅子の方へ行かない。	山田さんは 椅子の前に立っている。

山田さんは椅子に座る。

椅子に座った。

山田さんは
椅子に座らない。

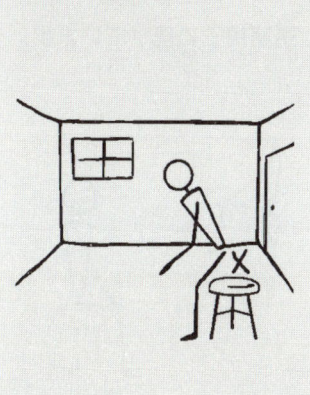

猫の頭に座った。

にゃ（重い〜）

山田さんは
どこに座っていますか？

椅子に座っています。

山田さんは
どこに座っていますか？

猫の頭に座っています。

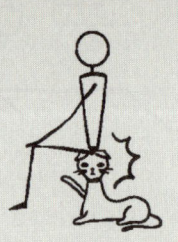

山田さんは
どこに座っていますか？

木の上に座っています。

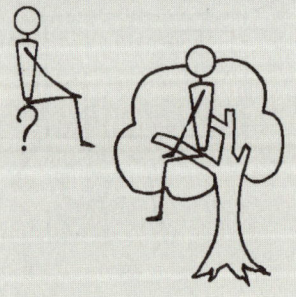

山田さんは
どこに座っていますか？

透明椅子に座っています。

走れ！

にゃ！（はい！）
山田さんの猫は走る。

走れ！

にゃ〜（やだよ〜）
山田さんの猫は走らない。

部屋にネズミがいる。

山田さんの猫はネズミを見る。

猫はネズミを取らない。

取れ！

猫がネズミを取る。

猫がネズミを取った。

ネズミが逃げる。

ネズミがネズミ穴に入る。

猫はネズミ穴に入らない。

ネズミ穴が小さくて猫は入れない。

にゃ！（出ろ！）

ちゅうちゅう〜（やだ〜）

取れ！

にゃにゃにゃ！

ネズミが穴に入れば取れないんだもん！

このくつは足に合う。

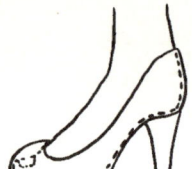

このくつは足に合わない。

くつが足より大きいです。

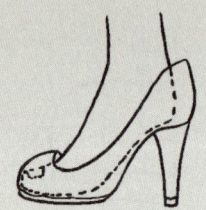

この服は体に合う。

この服は体に合わない。

体が服より小さいです。

山田さんの顔はきたない。 	顔を洗っている。 
山田さんは顔を洗った。 顔がきれいになった。 	水はきたなくなった。 

木と葉。 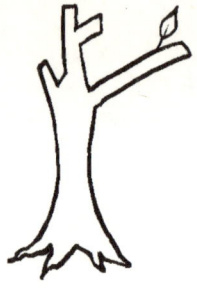	葉が落ちている。 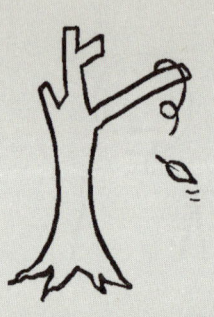
葉が落ちた。 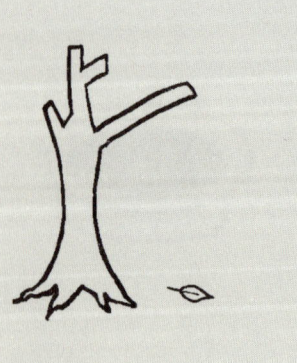	葉が落ちてある。 落ちた葉を落ち葉と言う。 

風が吹く。

落ち葉が風に乗って上がる。

上がっている。

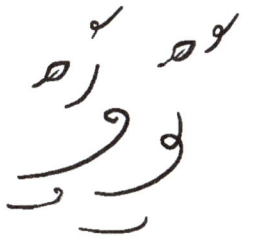

風が吹かない。

落ち葉が空から下りる。

下りている。

落ち葉が
山田さんの頭の上に落ちた。

猫の頭の上に落ちた。

登る
低いところから
高いところへ行く。

下りる
高いところから
低いところへ行く。

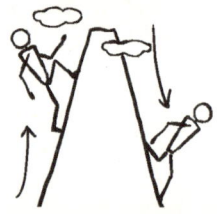

階段を登る。

階段を下りる。

階段を登っている。

階段を下りている。

階段を登った。

階段を下りた。

ジョンソンさんは
ボールを投げる。

ジョンソンさんは
ボールを投げた。

山田さんは猫を投げる。

山田さんは猫を投げた。

ジョンソンさんは
ボールを蹴る。

ジョンソンさんは
ボールを蹴った。

山田さんは猫を蹴る。

山田さんは猫を蹴った。

ジョンソンさんが
投げたボールが飛んでいく。

山田さんが投げた猫が
飛んでいく。

ジョンソンさんが
蹴ったボールが飛んでいく。

山田さんが
蹴った猫が飛んでいく。

ジョンソンさんが
投げたボールが飛んでくる。

山田さんが
投げた猫が飛んでくる。

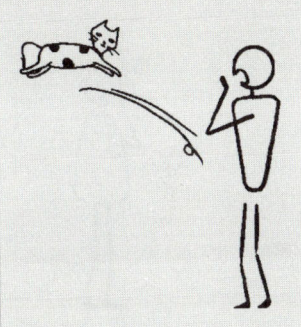

ジョンソンさんが
蹴ったボールが飛んでくる。

山田さんが
蹴った猫が飛んでくる。

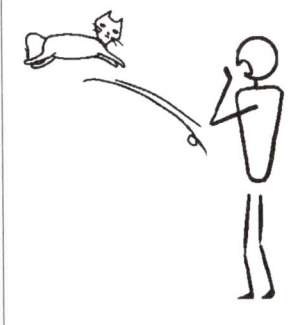

ジョンソンさんが
投げたボールが飛んできた。

山田さんが
投げた猫が飛んできた。

ジョンソンさんが
蹴ったボールが飛んできた。

山田さんが
蹴った猫が飛んできた。

飛べ！

鳥は飛べる！

飛べ！

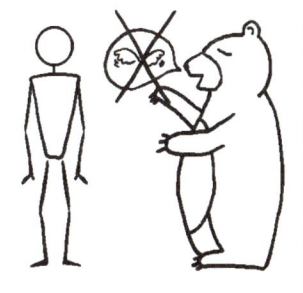
熊は飛べない！
翼がないんだよ〜

登れ！ 	さるは木に登れる。 
登れ！ 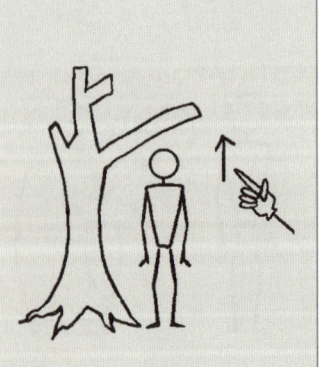	山田さんは木に登れない。 さるでもないし〜 

起きろ！

起きられない。

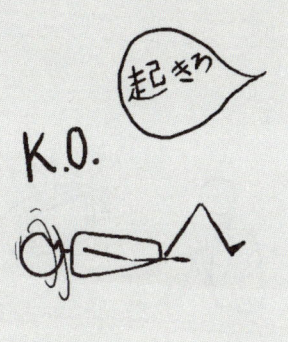

起きろ！

起きない！

今日は日曜日なんだよ。

ジョンソンさんは テレビを見ます 	立つ ジョンソンさんは 立って テレビを見ます。 
座る ジョンソンさんは 座って テレビを見ます。 	よこになる ジョンソンさんは よこになって テレビを見ます。 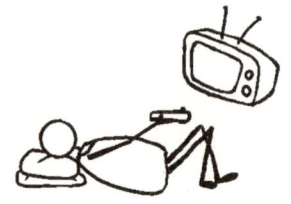

山田さんは
黒い上着を着る。

上着は
頭から着るものです。

山田さんは
黒いパンツをはく。

パンツは
足からはくものです。

山田さんは
黒いくつをはく。

くつは
足からはくものです。

上着とパンツとくつを脱ぐ。

**郵便局（ゆうびんきょく）は
どこにありますか？**

**この道（みち）をまっすぐ行（い）くと
コンビニがあります。**

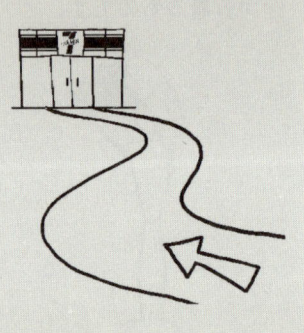

**コンビニの前（まえ）で
右（みぎ）へ曲（ま）がると
十字路（じゅうじろ）があります。**

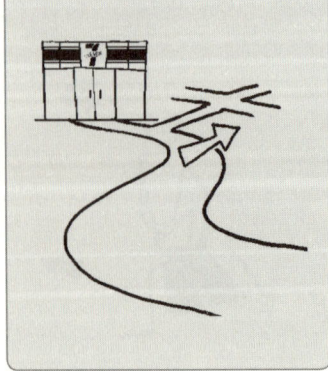

**横断歩道（おうだんほどう）を渡（わた）ると
郵便局（ゆうびんきょく）があります。**

この道をまっすぐ行って

コンビニの前で右へ曲がって

十字路の横断歩道を渡ると

郵便局があります。

山田さんは大阪へ行く。	山田さんは大阪へバスに乗って行く。
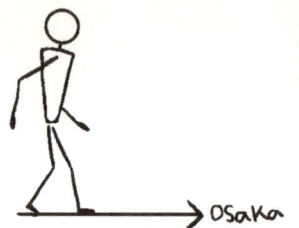	
山田さんは大阪へ歩いて行く。絶対行けない。	山田さんは大阪へ走って行く。これは無理だ。

山田さんは
ケーキを食べる。

山田さんの猫は
ケーキを食べない。

猫はえさを食べる。

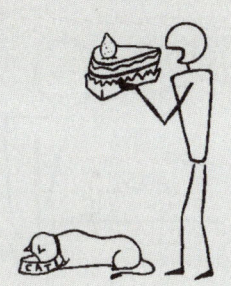

山田さんはミルクを飲む。

山田さんの猫は
ミルクを飲まない。

猫は水を飲む。

食べろ！ 	食べられる。 いただきます！ 
食べろ！ 	食べられない！ お箸がないんだよ。 

飲め！

飲める。

冷たい〜

飲め！

飲めない。

あっつい！

部屋のドア	部屋のドアを開ける。
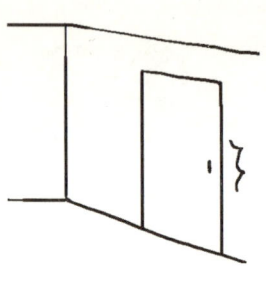	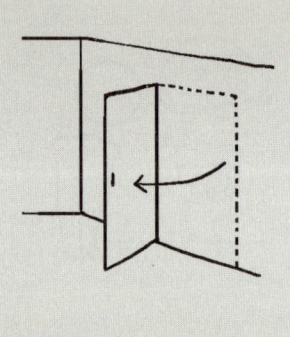
ドアを閉める。	ドアをロックする。
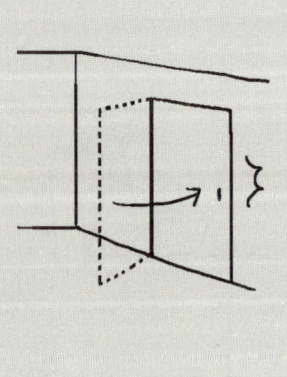	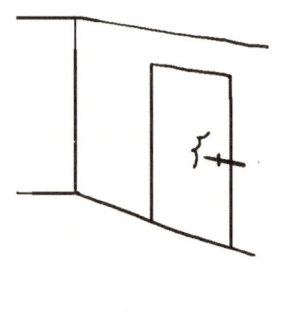

山田さんはドアを開ける。

まだ開けない。

ドアを開けている。

ドアを開けた。

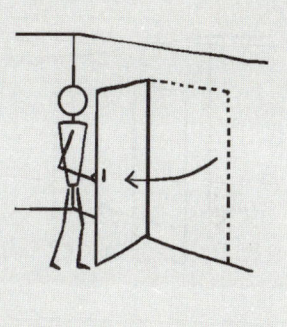

山田さんは中に入る。

まだ入らない。

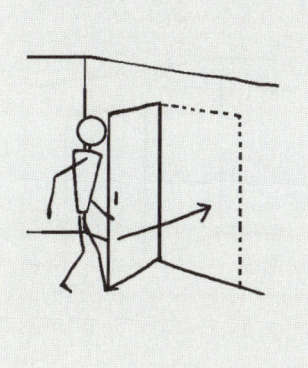

中に入っている。

山田さんは中に入った。 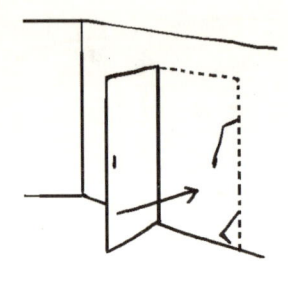	山田さんはドアを閉めない。 ドアが開けてある。 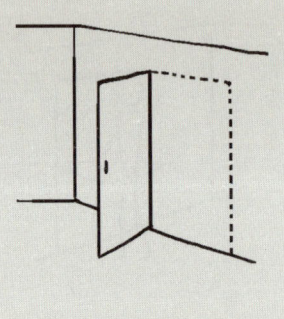
ドアを閉めている。 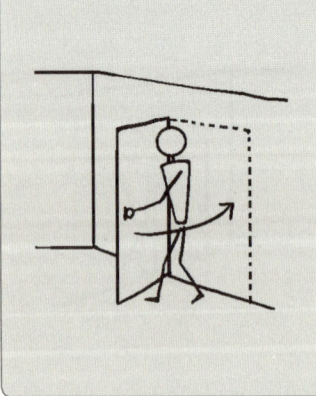	山田さんはドアを閉めた。 ドアが閉めてある。 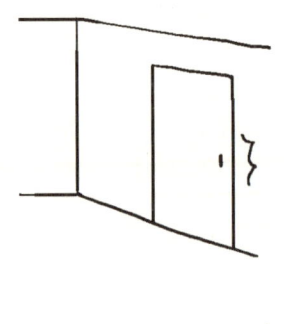

猫がドアをロックした。

ドアが開けられない。

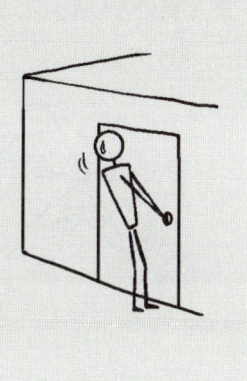

山田さんは中に入れない。

開けろ！

にゃ（やだ〜）

字を書く。

山田さんは
字を書いている。

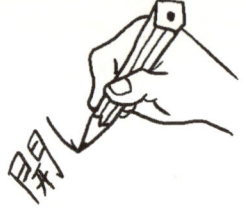

開けろ！と書いた。

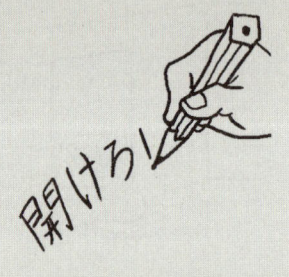

字を読む。

猫は字が読めない。

にゃ〜にゃ〜（読めない〜）

山田さんは
窓から中に入る。

捨てる。

ごみを捨てる。

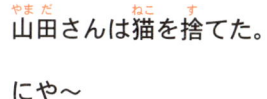

山田さんは
窓から猫を捨てる。

山田さんは猫を捨てた。

にゃ〜

ひどいよ〜

が 本を読む人はだれですか？ 	山田さんが 本を読みます。 本を読む人は 山田さんです。 
コンビニへ行く人は だれですが？ 	ジョンソンさんが コンビニへ行きます。 コンビニへ行く人は ジョンソンさんです。 

は 山田さんは何をしますか。 	本を読みます。 山田さんは本を読みます。 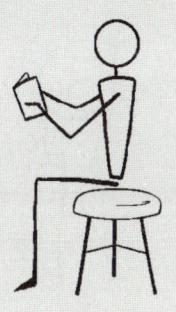
ジョンソンさんは どこへ行きますか？ 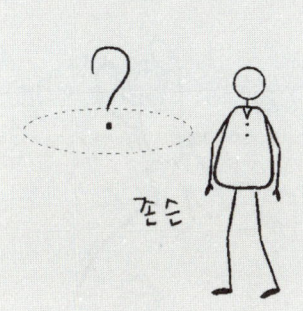	コンビニへ行きます。 ジョンソンさんは コンビニへ行きます。 

で

山田さんは踊ります。

テーブルの上で

山田さんは
テーブルの上で踊ります。

海の中で

山田さんは
海の中で踊ります。

宇宙で

山田さんは
宇宙で踊ります。

ジョンソンさんに 会います。 	銀行の前で 山田さんは銀行の前で ジョンソンさんに会います。 
コーヒーショップで 山田さんは コーヒーショップで ジョンソンさんに会います。 	新宿で 山田さんは新宿で ジョンソンさんに会います。 

で
山田さんは泳ぎます。

海で
山田さんは海で泳ぎます。

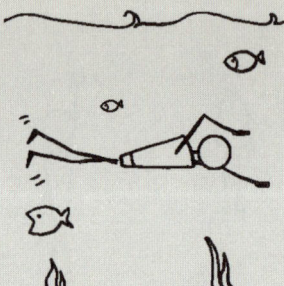

プールで
山田さんは
プールで泳ぎます。

温泉で
山田さんは
温泉で泳ぎます。

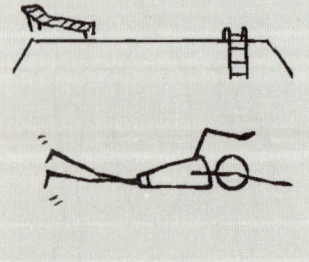
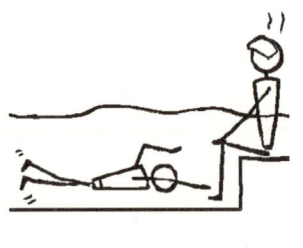

切る

紙を切ります。

鋏で

鋏で紙を切ります。

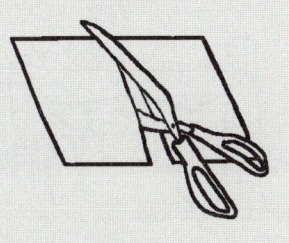

カッターナイフで

カッターナイフで紙を切ります。

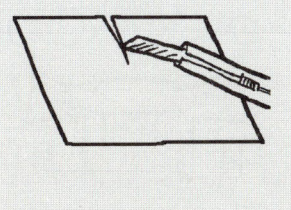

刀で

刀で紙を切ります。

で
山田さんと
ジョンソンさんが
話し合います。

何語で？

フランス語で話し合います。

何語で？

英語で話し合います。

何語で？

ドイツ語で話し合います。

休む

学校を休みます。

病気で

病気で学校を休みます。

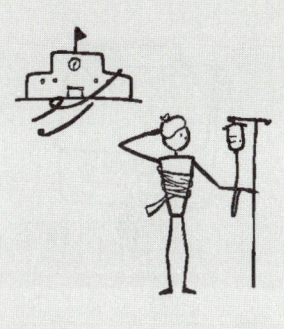

倒れる

木が倒れる。

風で

風で木が倒れる。

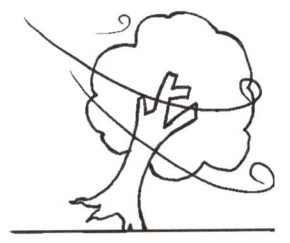

で

かばんを
1000円で買います。

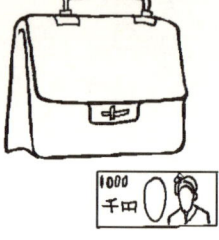

払う

カードで払う。

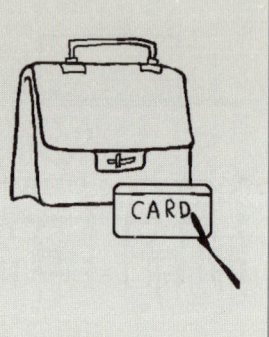

現金で払う。

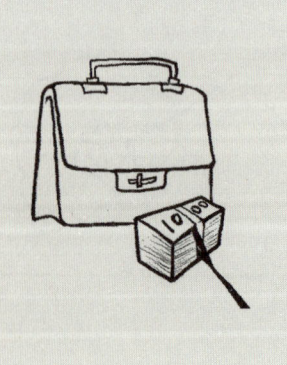

ドルで払う。

で
一人（ひとり）で食（た）べる。

二人（ふたり）で食（た）べる。

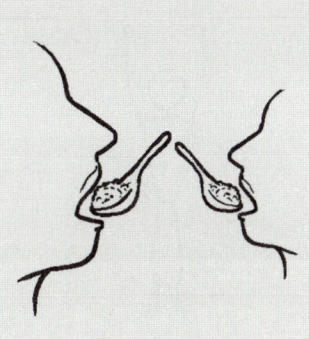

三人（さんにん）で食（た）べる。

みんなで食（た）べる。

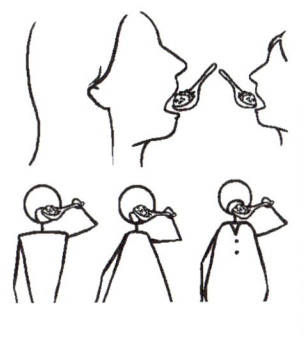

な
動く

動くな。

飲む

飲むな。

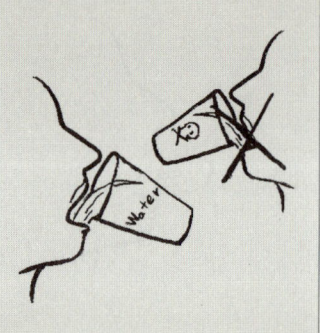

来る

来るな。

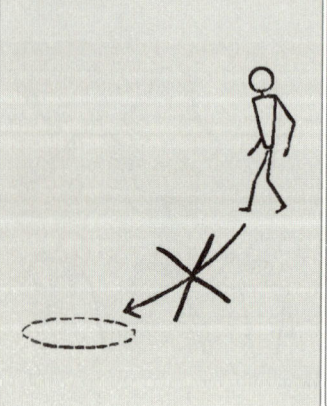

泣く

泣くな。

から
山田さんが来る。

どこから？

大阪から。

大阪から山田さんが来ます。

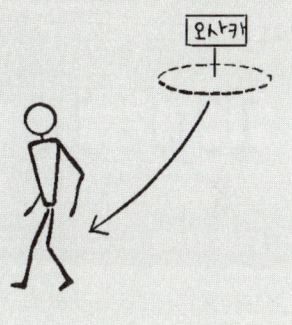

風が吹く。

どこから？

海から。

海から風が吹く。

から
100から10を引く。

$$100-10$$

4つの例から一つを選ぶ。

① カードで払う.
☑ 現金で払う.
③ 一人で食べる.
④ かばんを 1000円で

すきまから風が吹き込む。

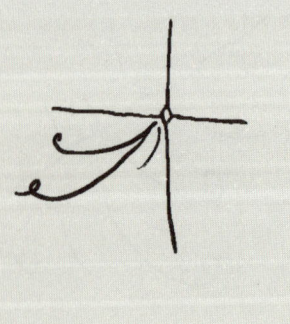

窓からごみを捨てる。

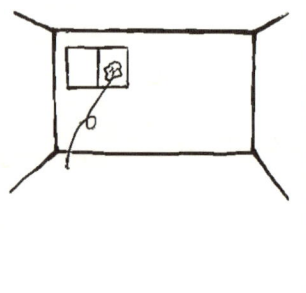

から
バスに乗る。

この人からバスに乗ります。

手紙が来る。

友だちから手紙が来ました。

落ちる。

さるも木から落ちる。

水は酸素と水素からなる。

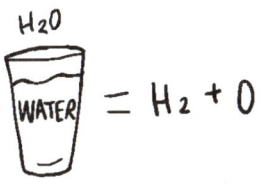

から/まで 山田さんは行きます。 	どこまで？ 東京まで。 
どこから？ 大阪から。 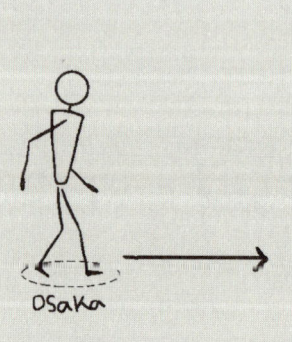	山田さんは 大阪から東京まで行きます。 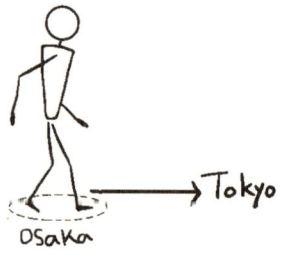

まで

言うまでもない。

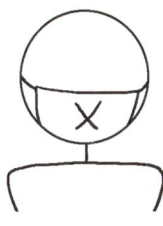

まで

営業時間は
午前11時から
午後10時までです。

まで

山田さんのおじいさんは
100まで生きた。

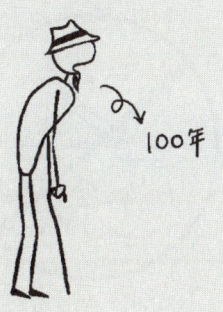

まで

会いたくて会いたくて
夢にまで会った。

ながら

音楽を聞く。

自転車に乗る。

音楽を聞きながら
自転車に乗る。

音楽を聞きながら
自転車に乗ることは
危ない。

ご飯を食べる。

新聞を読む。

ご飯を食べながら
新聞を読む。

ご飯を食べながら
新聞を読むと
親に叱られる。

ながら

歩く。

考える。

山田さんは歩きながら考えます。

空を見る。

涙を流す。

空を見ながら涙を流す。

ながら

食べたい。

食べない。

食べたいながら
食べない。

小さい。

力が強い。

小さいながら
力が強い。

に プレゼントをあげます。 	山田(やまだ)さんに プレゼントをあげます。 
手紙(てがみ)を書(か)く。 	お母(かあ)さんに手紙(てがみ)を書(か)く。 

に
本があります。

テーブルの上に
本があります。

かばんの中に
本があります。

本棚に本がありません。

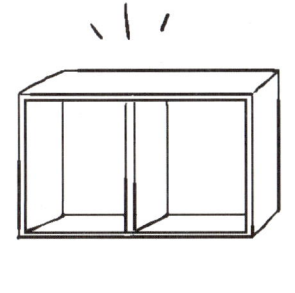

	木の上にさるがいます。
に さるがいる。 	
動物園にさるがいます。 	雲の上にさるがいます。 

に

デパートへ行く。

買い物をする。

デパートへ
買い物をしに行く。

海へ行く。
泳ぐ。

海へ泳ぎに行く。

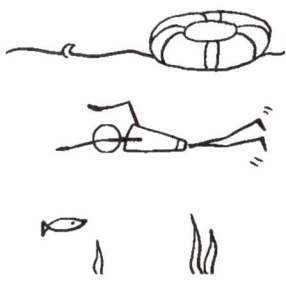

寿司屋へ行く。

寿司を食べる。

寿司屋へ
寿司を食べに行く。

映画を見る。

映画館へ行く。

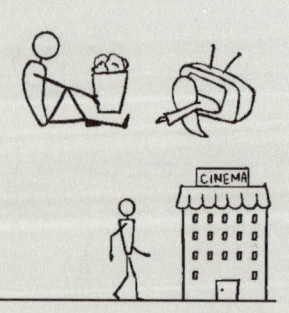

映画館へ映画を見に行く。

に
氷が解ける。

水になる。

氷が解けて水になる。

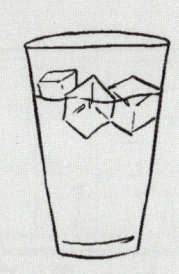

子供が年をとる。

大人になる。

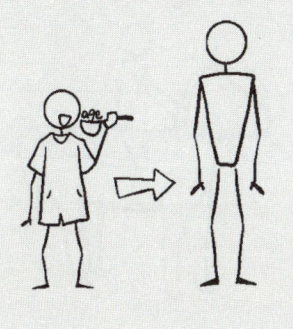

子供が年をとって
大人になる。

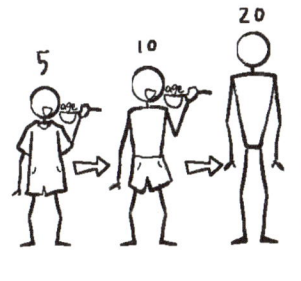

に 乗る。 電車に乗る。 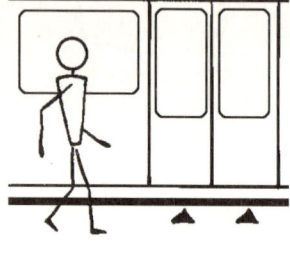	新宿駅で 山ノ手線に乗り換える。 
電車を降りる。 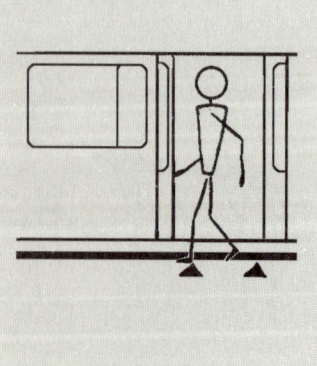	馬に乗る。 

に 起きる 朝7時に起きます。 	寝る 夜10時に寝ます。

出かける 朝方に出かける。 	帰る 日がしずむ前に帰る。 

に
息子は父親に似ている。

お巡りさんに道を聞く。

雷に驚く。

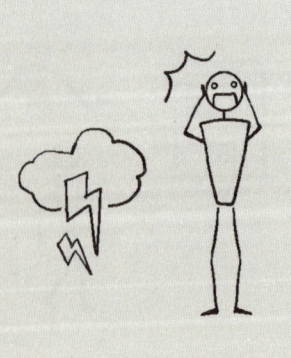

ワールドカップは4年に1回行われる。

より 山田さんはジョンソンさんより背が高いです。 	授業は8時より始めます。 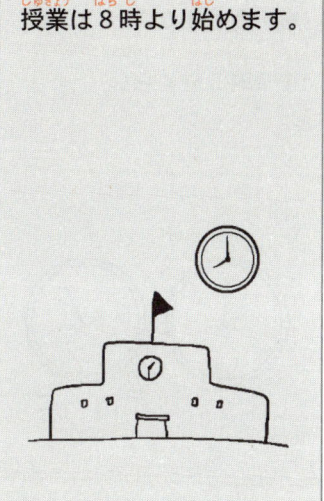
バスは 大阪より出発します。 	より速く より高く より強く 

ちょうど10時。

10時5分くらい

猫くらい大きいひよこ

郵便局までは
5分くらいかかります。

これくらいの大きさ

へ 京都へたつ。 京都につく。 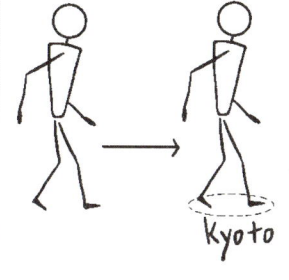	南へ南へ向かうと 海が出る。 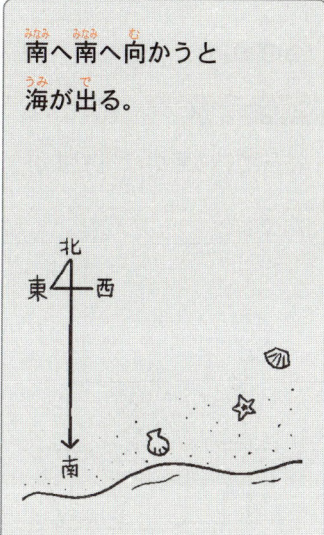
恋 	彼女への恋 

もの

山田(やまだ)さんが
持(も)っているものは何(なん)ですか？

本(ほん)です。

ジョンソンさんの頭(あたま)にあるものは何(なん)ですか？

花(はな)です。

これは食(た)べられるものです。

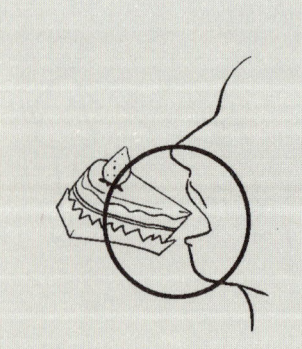

これは食(た)べられないものです。

こと

先生の仕事は
学生に教えることです。

音楽を聞きながら
歩くことは
危ないです。

山田さんが
していることは
自転車に乗ることです。

ジョンソンさんが
していることは
木を切ることです。

と
おとこ
男

おんな
女

こども
子供

おとこ　おんな　こども
男と女と子供

さる 	猫 
犬 	さると猫と犬がいます。

と
戦う

燐国と戦う

大きい熊と戦う。

誘惑と戦う。

と

ジョンソンさんは
HELLOと言います。

金さんは
おはようと言います。

道に止まれと書いてある。

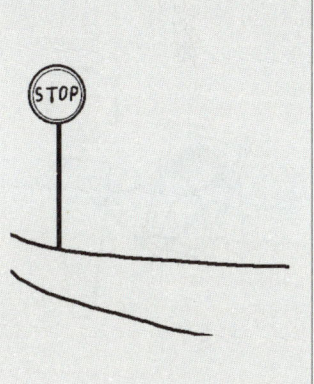

この人は
何と言っていますか？

と

春になると花が咲く。

横断歩道を渡ると
コンビニがある。

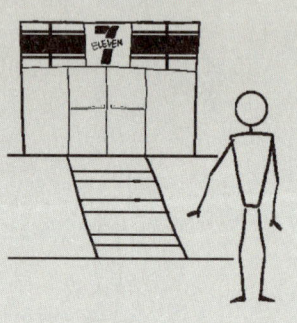

本を読むと眠くなる。

母の写真を見ると
涙が出る。

これはボールだ。

これは本である。

ボールと本はものである。

ものには形がある。

もの

もの

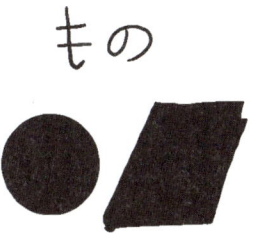

ボールは丸い。

本は四角い。

ものは目で見ることができる。

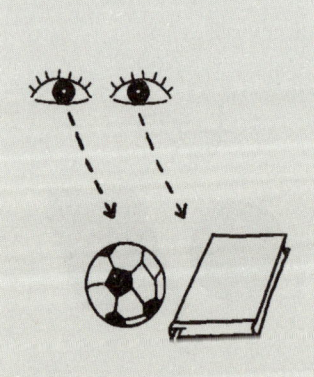

ものは手で触れることができる。

愛はものではない。

愛には形がない。

形がないから
目で見ることができない。

手で
触れることもできない。

愛は
目で見ることも
手で触れることも
できない。

しかし
頭で考えることができる。

心で感じることができる。

愛はことだ。

バナナはものであるか？ ことであるか？ 	バナナはものだ。 
バナナは 目で見ることができる。 食べることができる。 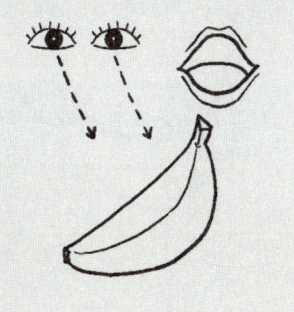	それで バナナは食べ物である。 

風はものであるか？ ことであるか？ 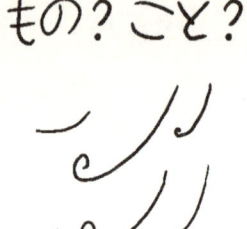	風は 見ることはできないが ものである。 
風は 耳で聞くことができる。 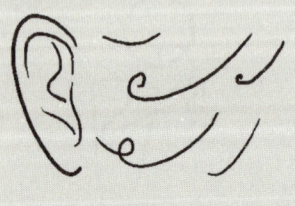	風は 手で触れることができる。 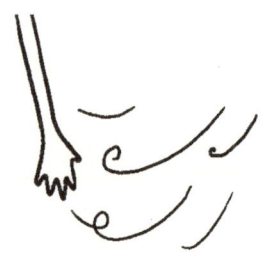

幸せはものであるか？ ことであるか？ もの？こと？ (HAPPY)	幸せはことである。 こと！ (HAPPY)
幸せは 目で見ることができない。 	幸せは 手で触れることもできない。

self check

安全はものなのか？ ことなのか？ 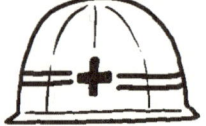	**安全**はことである。 
安全は 見ることも 触れることも できない。 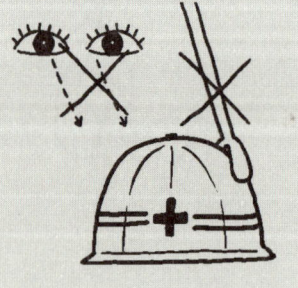	しかし 考えることはできる。 

山田さんが
していることは
何ですか？

山田さんが
していることは
食べることです。

山田さんが
食べているものは
何ですか？

山田さんが
食べているものは
バナナです。

物には
生物と
無生物があります。

生物は
生きている物です。

無生物は
生物ではない物です。

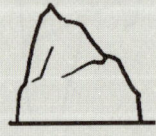

生物は
生きるために
いろいろなことをします。

生まれる

生物は親から生まれます。

食べる

生きるために
何かを食べなければ
なりません。

排泄する

食べたものを
出さなければなりません。

反応する

生物は刺激に応じます。

成長する

体が
だんだん大きくなります。

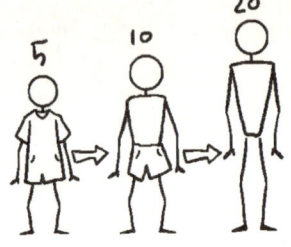

産む

子供を産みます。

老いる

年をとります。

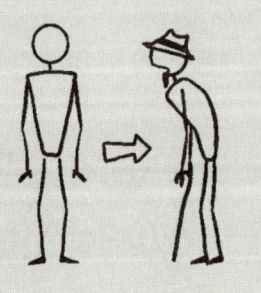

死ぬ

生きているものは
いつかは死にます。

生物には
動物と
植物があります。

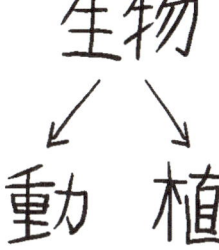

動物は
ほかの物を食べます。

牛は草を食べます。

ライオンは
ほかの動物を食べます。

動物は動きます。

馬は走ります。

鳥は飛びます。

魚は泳ぎます。

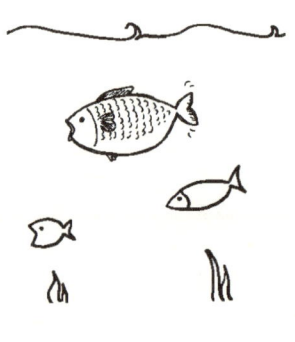

植物は
土から
水を吸います。

酸素を出します。

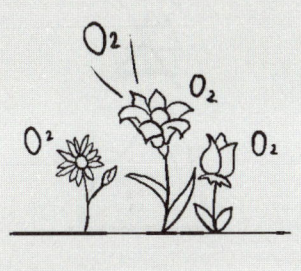

子供を産みます。

光に反応します。

石は生物ではなく無生物である。 	**石は食べない。** 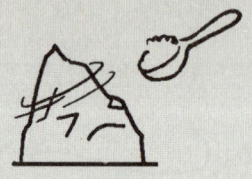
石は反応しない。 	**石は死なない。** 

人間は生物で動物です。 	人は 食べなければ 生きられない。 
結婚して子供を産む。 	年をとって いつかは死ぬ。 

生物であれ

無生物であれ

この地球のすべては

みんな自然の一部である。

私の名前は
山田孝治です。

山田は名字で
名は孝治です。

お父さんは山田太郎
お母さんは
山田真理子です。

私には兄弟がいません。
私は一人っ子です。

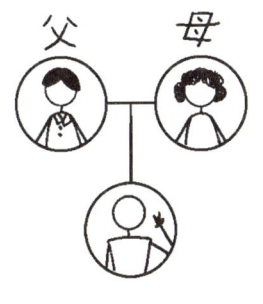

この女の人は
私の好きな人です。

天野恵という名の
美しい女の子です。

黒くて長い髪の毛が
とてもチャーミングです。

彼女の笑顔は
まるで花のようです。

私は
彼女のことが好きです。

彼女は
となりの家に住んでいます。

彼女は
私と同じ学校に
通っています。

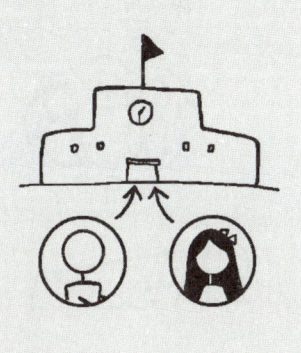

しかし
同じクラスではありません。

胸がどきどきして 声をかけられません。 	恥ずかしくて 顔を見られません。 
遠くから見るだけです。 	私は夢の中で 彼女に会います。 好きだよ〜  

鳥が空を飛んでいきます。

男二人が
それを見ています。

この人は
空を飛びたいと
思いました。

しかし
人には翼がありません。
人間は空を飛べません。

この人たちは思いました。

人間も空を飛べる。

一緒に翼を作ろう。

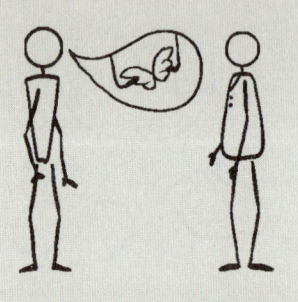

彼らは
紙と木で
大きい翼を作りました。

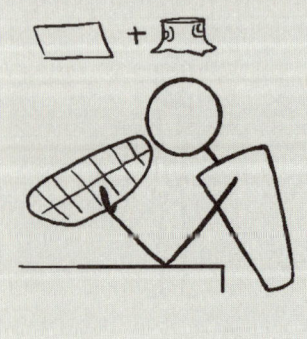

鳥の翼に似た巨大な翼。

飛行機です。

何度も
何度も
失敗して

彼らの飛行機は
空を飛びました。

空を飛ぶという
古くからの夢が
叶う瞬間です。

飛行機を作った
彼らはライト兄弟です。

雨が降る早い朝	三本の傘が 歩いて行きます。 
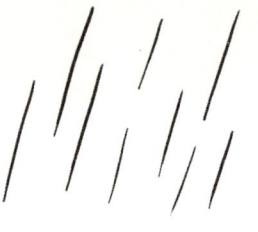	
黒い傘 白い傘 さけた傘 	狭い小道を 三本の傘が 歩いて行きます。 

ジョンソンさんは
力が強い。

ジョンソンさんは
重いものが
持ち上げられる。

山田さんは力が弱い。

山田さんは重いものが
持ち上げられない。

学校の鐘が
ちんちんちん。
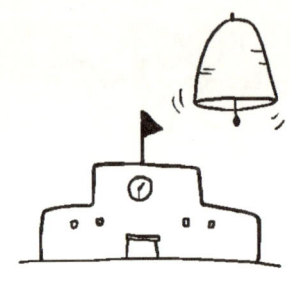

速く集まろう。

先生が私たちを

待っている。

練習問題
EXERCISES

熱(あつ)い	(ビル)
高(たか)い	人(ひと)
黒(くろ)い	山(やま)

深(ふか)い	ドア
広(ひろ)い	海(うみ)
強(つよ)い	帽子(ぼうし)

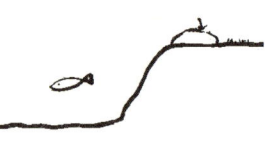

多(おお)い	猫(ねこ)
大(おお)きい	犬(いぬ)
長(なが)い	ライオン

若(わか)い	女(おんな)
甘(あま)い	ジョンソンさん
重(おも)い	ネズミ

<ruby>新<rt>あたら</rt></ruby>しい	かばん
<ruby>古<rt>ふる</rt></ruby>い	<ruby>子供<rt>こども</rt></ruby>
<ruby>狭<rt>せま</rt></ruby>い	くつ

<ruby>明<rt>あか</rt></ruby>るい	<ruby>服<rt>ふく</rt></ruby>
<ruby>暗<rt>くら</rt></ruby>い	ボール
<ruby>古<rt>ふる</rt></ruby>い	<ruby>空<rt>そら</rt></ruby>

<ruby>冷<rt>つめ</rt></ruby>たい	<ruby>落<rt>お</rt></ruby>ち<ruby>葉<rt>ば</rt></ruby>
<ruby>熱<rt>あつ</rt></ruby>い	<ruby>火<rt>ひ</rt></ruby>
<ruby>近<rt>ちか</rt></ruby>い	<ruby>車<rt>くるま</rt></ruby>

<ruby>短<rt>みじか</rt></ruby>い	<ruby>会議<rt>かいぎ</rt></ruby>
<ruby>低<rt>ひく</rt></ruby>い	<ruby>時間<rt>じかん</rt></ruby>
<ruby>黒<rt>くろ</rt></ruby>い	しっぽ

早(はや)い	飛行機(ひこうき)
強(つよ)い	自転車(じてんしゃ)
速(はや)い	道路(どうろ)

小(ちい)さい	道(みち)
広(ひろ)い	部屋(へや)
大(おお)きい	熊(くま)

美(うつく)しい	本(ほん)
近(ちか)い	風(かぜ)
涼(すず)しい	東京(とうきょう)

美(うつく)しい	自然(しぜん)
暖(あたた)かい	女(おんな)
浅(あさ)い	電車(でんしゃ)

天気が(さむい) 	ここは(　　　) 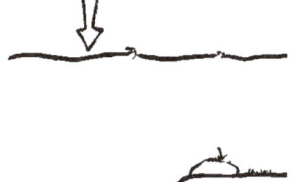
私の部屋は(　　　) 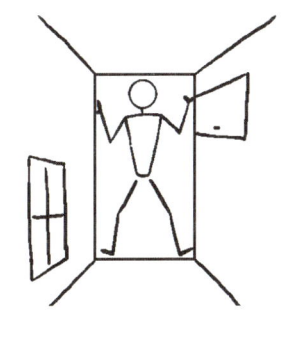	ケーキは(　　　) 

(　　　　　)天気ですね。	このくつは(　　　　　)

カメは ウサギより(　　　　　)	コンビニは(　　　　　)

6時は(　　　　)朝です。

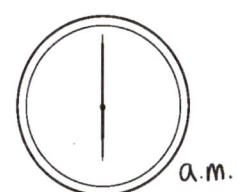

(　　　　)髪の毛

(　　　　)男！。

この水は(　　　　)

(　　　　)男の子です。 	漢字は(　　　　) 
この人の顔は(　　　　) 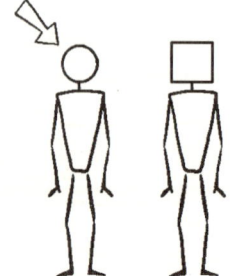	女が(　　　　) 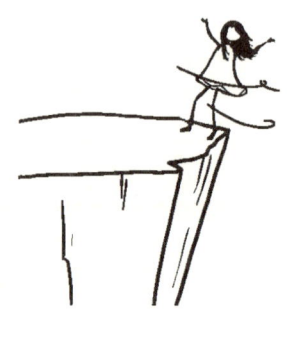

腕が(　　　　)人。

唐辛子は(　　　　)

(　　　　)番組を見る

空気は(　　　　)

字が(　　　)

小

うんこは(　　　)

本は(　　　)

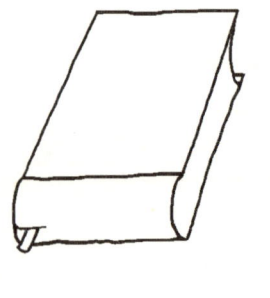

(　　　)化け物だ!

午後は（　　　　）

体が（　　　　）

ソロは（　　　　）

赤ちゃんは（　　　　）

山は(たかくない)	カメは(　　　　)

ここは(　　　　)	ジョンソンは山田さんより(　　　)
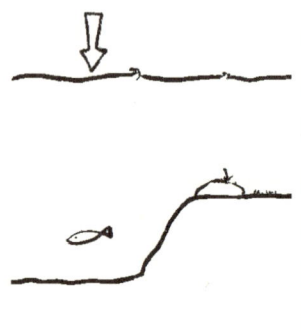	

天気が(　　　　　)

番組は(　　　　　)

この道は(　　　　　)

猫のしっぽは(　　　　　)

この漢字は（　　　　）	カップルは（　　　　）

（　　　　）天気ですね。	この建物は（　　　　）

子は(　　　　) 	お金が(　　　　) 
この子は力が(　　　　) 	朝鮮人参は(　　　　) 

(おおきくて) 黒い 猫	(　　　) 白い 猫

(　　　) 明るい 部屋	(　　　) 暗い 部屋
	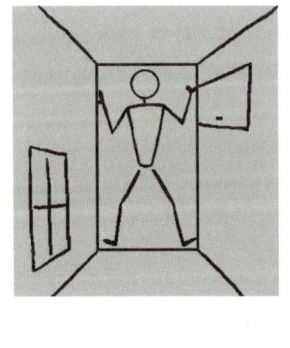

( ) 速い車 ( ) 遅い車

( ) 深い海 ( ) 浅い海

(　　　) 長い 問題

(　　　) 短い 問題

$\cos\theta_1 = \dfrac{a}{b+c}$, $\cos\theta_2 = \dfrac{b}{a+c}$,
$\cos\theta_3 = \dfrac{c}{a+b}$,
$\tan^2\left(\dfrac{\theta_1}{2}\right) + \tan^2\left(\dfrac{\theta_3}{2}\right) = ?$

$1+1=?$

(　　　) きたない 小道

(　　　) 眠い 午後

（はやく）走る

（　　　）掘る

（　　　）歩く

（　　　）切る

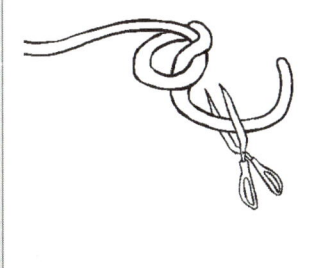

(　　) 伸ばす	(　　) 抓る
(　　) 投げる	(　　) なる

self check

(しずかな) 村

( ) 机

( ) 挨拶

( ) 町

(　　) 子

(　　) 問題

(　　) 女

(　　) 坂道

| (　　) 午後 | (　　) 絵 |
| (　　) 歌手 | (　　) 猫 |

( ) 犬

( ) 食べ物

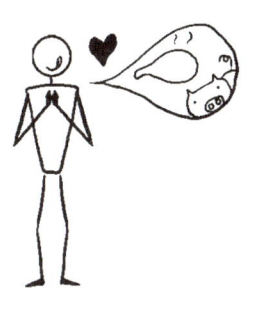

( ) 坂道

( ) 問題

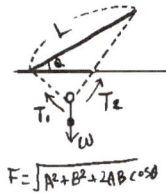

(　　)女

(　　)女

(　　)鳥

(　　)部屋

(げんきではない) 子

(　　　　　) 問題

$\cos\theta_1 = \dfrac{a}{b+c}$, $\cos\theta_2 = \dfrac{b}{a+c}$,
$\cos\theta_3 = \dfrac{c}{a+b}$,
$\tan^2\left(\dfrac{\theta_1}{2}\right) + \tan^2\left(\dfrac{\theta_3}{2}\right) = ?$

(　　　　　) 坂道

(　　　　　) 坂道

(　　　) 町^{まち}

(　　　) 歌手^{かしゅ}

(　　　) 女^{おんな}

(　　　) 女^{おんな}

(ゆうめいで) 派手な歌手　　　(　　) 丈夫な鳥

(　　) 地味な女　　　(　　) 静かな部屋

（　　）洗う

（　　）飛ぶ

（　　）育つ

（　　）なる

笑う

(5段) 上1 下1 変格

食べる

5段 上1 下1 変格

見る

5段 上1 下1 変格

走る

5段 上1 下1 変格

お き る
起きる

[5段] [上1] [下1] [変格]

き る
切る

[5段] [上1] [下1] [変格]

べんきょう
勉強する

[5段] [上1] [下1] [変格]

ある
歩く

[5段] [上1] [下1] [変格]

入(はい)る

[5段] [上1] [下1] [変格]

泣(な)く

[5段] [上1] [下1] [変格]

逃(に)げる

[5段] [上1] [下1] [変格]

落(お)ちる

[5段] [上1] [下1] [変格]

乗る

[5段] [上1] [下1] [変格]

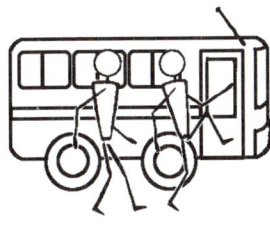

来る

[5段] [上1] [下1] [変格]

増える

[5段] [上1] [下1] [変格]

書く

[5段] [上1] [下1] [変格]

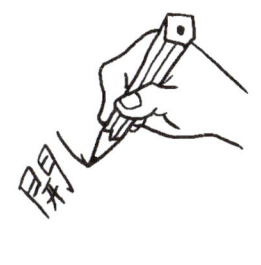

言う	生まれる
5段　上1　下1　変格	5段　上1　下1　変格

降りる	出す
5段　上1　下1　変格	5段　上1　下1　変格

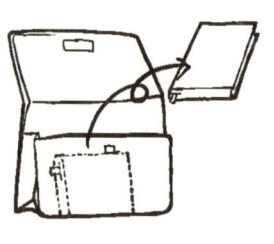

^で出る [5段] [上1] [下1] [変格] 	^の飲む [5段] [上1] [下1] [変格] 
^い行く [5段] [上1] [下1] [変格] 	^し知る [5段] [上1] [下1] [変格] 

我慢（がまん）する

[5段] [上1] [下1] [変格]

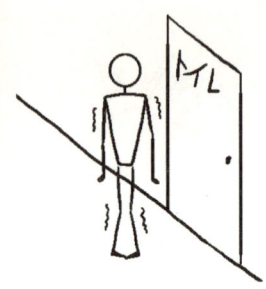

立（た）つ

[5段] [上1] [下1] [変格]

思（おも）う

[5段] [上1] [下1] [変格]

答（こた）える

[5段] [上1] [下1] [変格]

開ける　　開(けない)　　　　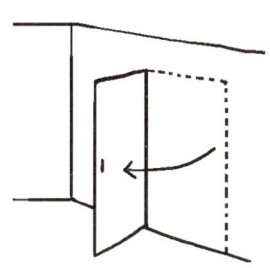
　　　　　開けらない
　　　　　開けりない

集める　　集まない　　　　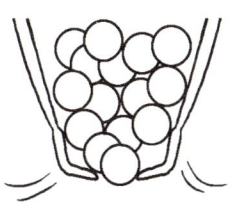
　　　　　集めない
　　　　　集めりない

洗う　　　洗いない　　　　
　　　　　洗りない
　　　　　洗わない

入(い)れる	入(い)れない	
	入(はい)らない	
	入(い)ない	

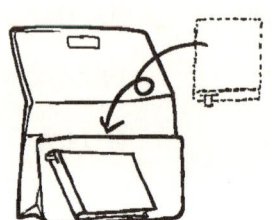

落(お)ちる	落(お)ちない	
	落(お)ちらない	
	落(お)ちりない	

終(お)わる	終(お)わりない	
	終(お)わらない	
	終(お)わない	

切る

(切らない)

走る

(　　　)

見る

(　　　)

勉強する

( )

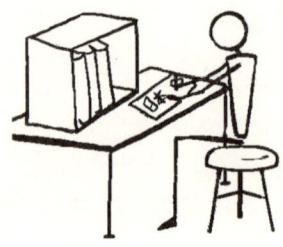

乗り換える

( )

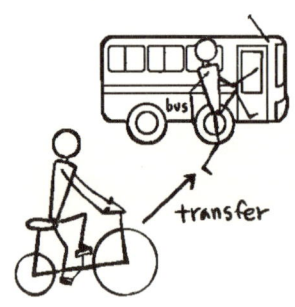

降りる

( )

あ
上げる

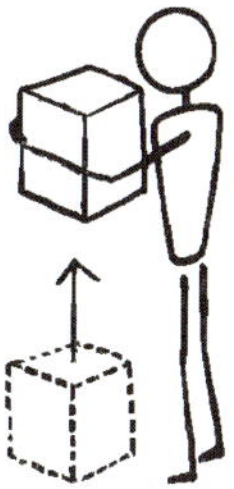

(　　　)

ある
歩く

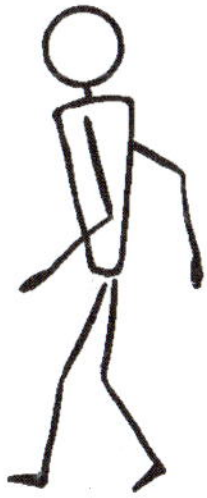

(　　　)

く
来る

(　　　)

降る

(　　　)

逃げる

(　　　)

帰る

(　　　)

止まる

(　　　　)

止める

(　　　　)

言う

(　　　　)

脱ぐ

(　　　)

着る

(　　　)

変わる

(　　　)

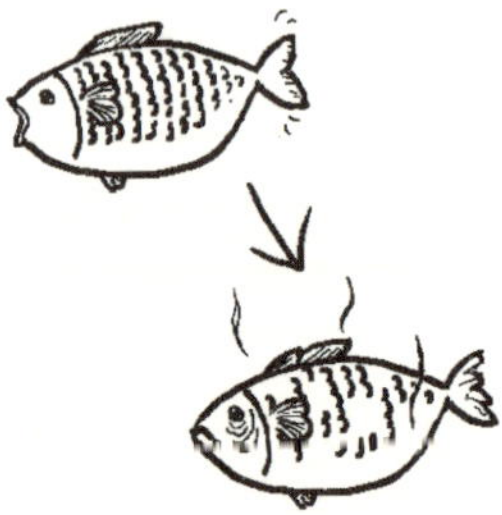

閉める	閉めます ◯ 閉めります 閉めらます	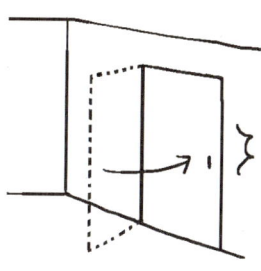
集まる	集ます 集まります 集めます	
座る	座います 座るます 座ります	

入れる　　入らます

　　　　　入れます

　　　　　入ります

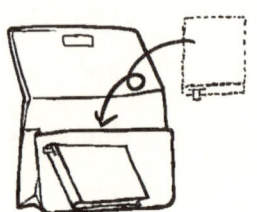

落ちる　　落ちります

　　　　　落ちます

　　　　　落ちいます

終わる　　終わえます

　　　　　終わらます

　　　　　終わります

切る

(切ります)

走る

(　　　)

はし

見る

(　　　)

勉強する

(　　　)

乗り換える

(　　　)

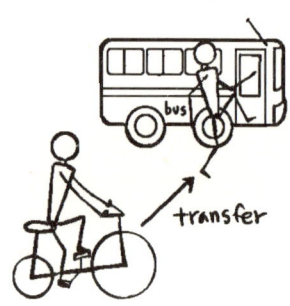

降りる

(　　　)

上げる

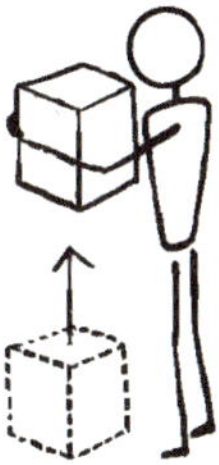

(　　　　)

歩く

(　　　　)

来る

(　　　　)

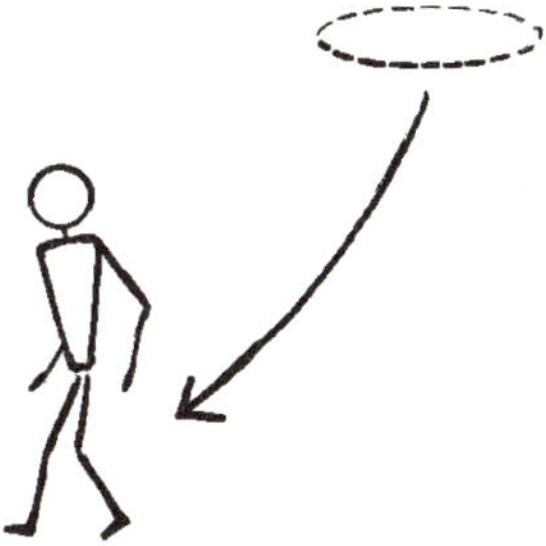

降る

(　　　)

逃げる

(　　　)

帰る

(　　　)

止まる

(　　　　)

止める

(　　　　)

言う

(　　　　)

脱ぐ

(　　　)

着る

(　　　)

変わる

(　　　)

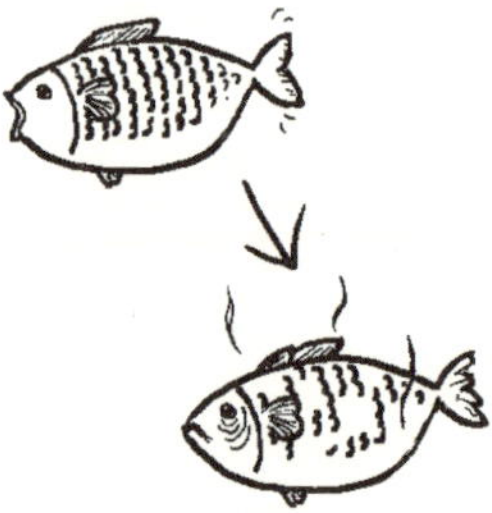

書く
(書ける)
(書けない)

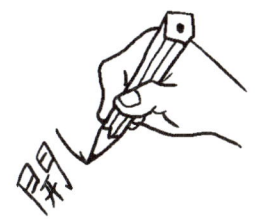

来る
(   )
(   )

会う
(   )
(   )

持ち上げる

(　　　)

(　　　)

歩く

(　　　)

(　　　)

動く

(　　　)

(　　　)

答える

(   )

(   )

知る

(   )

(   )

食べる

(   )

(   )

self check ■■■■ 241

勉強する

(　　　　)

(　　　　)

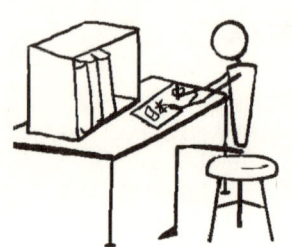

着る

(　　　　)

(　　　　)

逃げる

(　　　　)

(　　　　)

見る

(　　　)

(　　　)

飛ぶ

(　　　)

(　　　)

止まる

(　　　)

(　　　)

泳ぐ

(　　　)
(　　　)

入れる

(　　　)
(　　　)

下りる

(　　　)
(　　　)

選ぶ

( )

( )

はく

( )

( )

我慢する

( )

( )

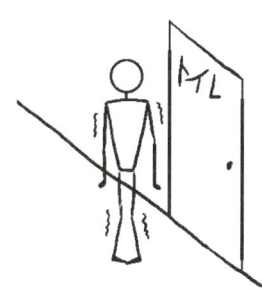

書(か)く

(書け)

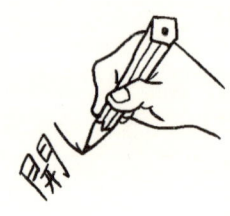

来(く)る

(　　　)

走(はし)る

(　　　)

答える

(　　　　)

食べる

(　　　　)

勉強する

(　　　　)

着る

(　　　)

逃げる

(　　　)

見る

(　　　)

飛ぶ

(　　　)

止まる

(　　　)

入る

(　　　)

我慢する

(　　　)

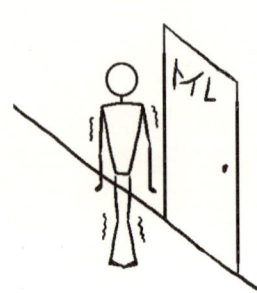

入れる

(　　　)

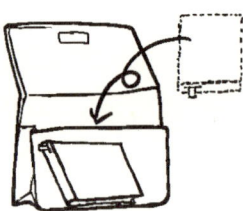

閉める

(　　　)

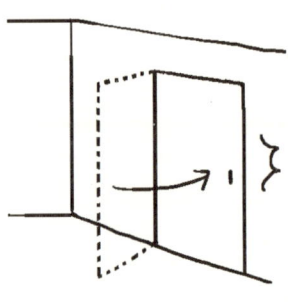

飲む

(　　　)

落ちる

(　　　)

捨てる

(　　　)

食べる

(食べたい)

飲む

(　　　)

行く

(　　　)

会う

(　　　)

買う

(　　　)

捨てる

(　　　)

住む

(　　　　)

走る

(　　　　)

上げる

(　　　　)

寝る
(　　　)

告白する
(　　　)

飛ぶ
(　　　)

男は（走っている）

鳥は（飛んでいる）

さるは（寝ている）

猫は(　　　　　　)

鳥は(　　　　　　)

熊は(　　　　　　)

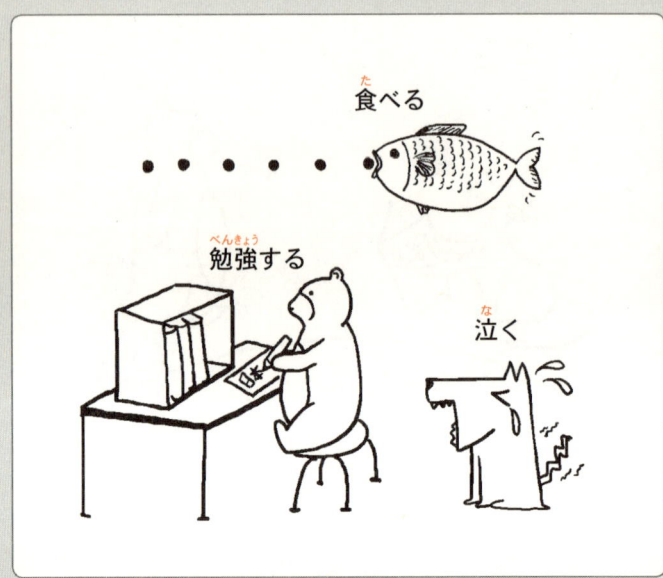

熊は（　　　　　　）

魚はえさを（　　　　　　）

犬は（　　　　　　）

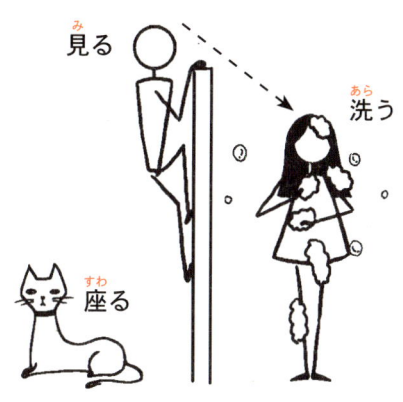

男は（　　　　　　）

女は（　　　　　　）

猫は（　　　　　　）

白い犬は(　　　　　　　)

黒い犬は(　　　　　　　)

木は(　　　　　　　)

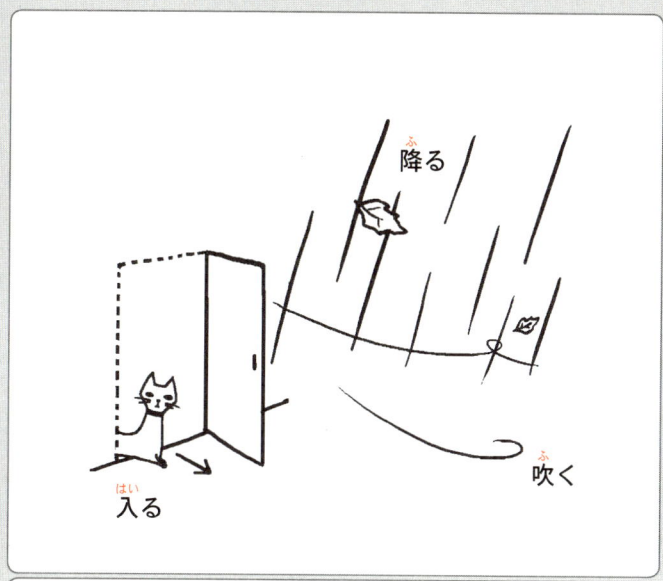

雨が(　　　　　　)

風が(　　　　　　)

猫が(　　　　　　)

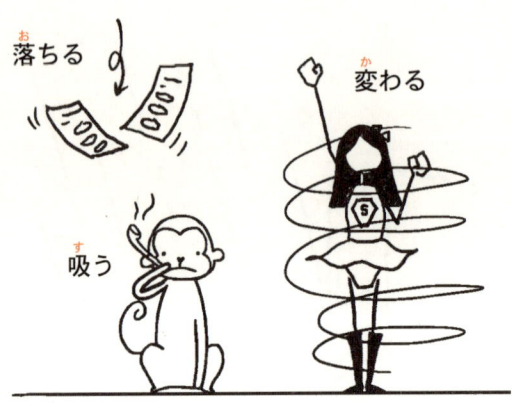

お金が(　　　　　　)

女が(　　　　　　)

さるが(　　　　　　)

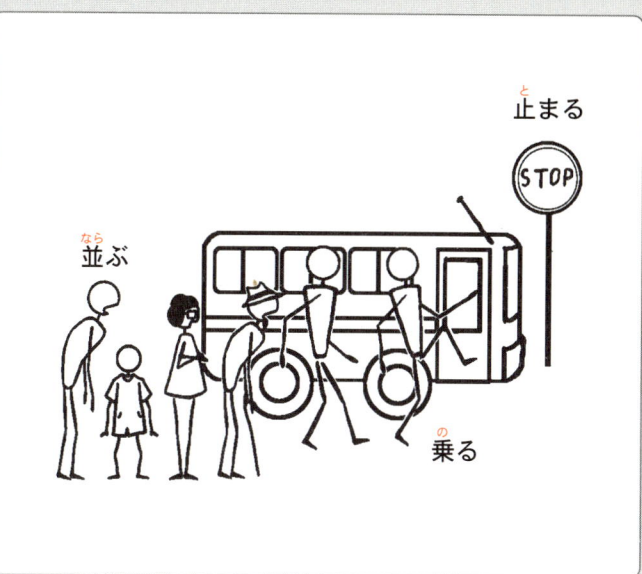

バスが(　　　　　　　)

人々が(　　　　　　　)

人々は(　　　　　　　)

正解
ANSWERS

186p
高い	ビル
深い	海
大きい	猫
重い	ジョンソンさん

187p
新しい	くつ
古い	服
熱い	火
短い	しっぽ

188p
速い	飛行機
広い	道
涼しい	風
美しい	女

189p
さむい
あさい
せまい
あまい

190p
いい・よい
くろい
おそい
とおい・ちかい

191p
はやい
ながい・くろい
わるい
あつい

192p
かわいい
むずかしい
まるい
あぶない

193p
いたい
からい
おもしろい
きたない

194p
ちいさい
ふとい・くさい
あつい・おもい
こわい・かわいい

195p
ねむい
やわらかい
さびしい
うるさい

196p
たかくない
おそくない
ふかくない
かるくない

197p
よくない
おもしろくない
ひろくない
みじかくない

198p
むずかしくない
さびしくない
さむくない
おおきくない

199p
よくない
おおくない
つよくない
あまくない

200p
おおきくて
ちいさくて
ひろくて
せまくて

201p
あたらしくて
ふるくて
つめたくて
あたたかくて

202p
むずかしくて
やさしくて
せまくて
あつくて

203p
はやく
ふかく
おそく
みじかく

204p
ながく
いたく・つよく
つよく・とおく
あつく

205p
やすく
たかく
たかく
はやく

206p
しずかな
じょうぶな
ていねいな
にぎやかな

207p
げんきな
かんたんな
きけんな
きゅうな

208p
ひまな
へたな
ゆうめいな
いろいろな

209p
おなじ
すきな
ゆるやかな
ふくざつな

210p
はでな
じみな
じゆうな
きれいな

211p
げんきではない
かんたんではない
きゅうではない
ゆるやかではない

212p
じょうぶではない
きれいではない
じゆうではない
すきではない

213p
しずかではない
ゆうめいではない
はでではない
じみではない

214p
ゆうめいで
じゆうで
しずかで
きれいで

215p
きれいに
じゆうに
すこやかに
すきに

216p
5段
下1
上1
5段

217p
上1
5段
変格
5段

218p
5段
5段
下1
上1

219p
5段
変格
下1
5段

220p
5段
下1
上1
5段

221p
下1
5段
5段
5段

222p
変格
5段
5段
下1

223p
開けない
集めない
洗わない

224p
入れない
落ちない
終わらない

225p
切らない
走らない
見ない

226p
勉強しない
乗り換えない
降りない

227p
上げない
歩かない
来(こ)ない

228p
降らない
逃げない
帰らない

229p
止まらない
止めない
言わない

230p
脱がない
着ない
変わらない

231p
閉めます
集まります
座ります

232p
入れます
落ちます
終わります

233p
切ります
走ります
見ます

234p
勉強します
乗り換えます
降ります

235p
上げます
歩きます
来(き)ます

236p
降ります
逃げます
帰ります

237p
止まります
止めます
言います

238p
脱ぎます
着ます
変わります

239p
書ける	書けない
来(こ)られる	来(こ)られない
会える	会えない

240p
持ち上げられる	持ち上げられない
歩ける	歩けない
動ける	動けまい

241p
答えられる	答えられない
知れる	知れない
食べられる	食べられない

242p
勉強できる	勉強できない
着られる	着られない
逃げられる	逃げられない

243p
見られる	見られない
飛べる	飛べない
止まれる	止まれない

244p
泳げる	泳げない
入れられる	入れられない
下りられる	下りられない

245p
選べる	選べない
はける	はけない
我慢できる	我慢できない

246p
書け
来(こ)い
走れ

247p
答えろ
食べろ
勉強しろ

248p
着ろ
逃げろ
見ろ

249p
飛べ
止まれ
入れ

250p
我慢しろ
入れろ
閉めろ

251p
飲め
落ちろ
捨てろ

252p
食べたい
飲みたい
行きたい

253p
会いたい
買いたい
捨てたい

254p
休みたい
走りたい
上げたい

255p
寝たい
告白したい
飛べたい

256p
走っている
飛んでいる
寝ている

257p
本を読んでいる
泳いでいる
歩いている

258p
勉強している
えさを食べている
泣いている

259p
見ている
洗っている
座っている

260p
太っている
痩せている
倒れている

261p
降っている
吹いている
入っている

262p
落ちている
変わっている
タバコを吸っている

263p
止まっている
並んでいる
バスに乗っている

ワードリスト
WORD LIST
• • •

あい	愛	사랑
あう	合う	맞다
あう	会う	만나다
あかちゃん	赤ちゃん	아기
あがる	上がる	올라가다
あかるい	明るい	밝다
あける	開ける	열다
あげる	上げる	올리다
あさ	朝	아침
あさい	浅い	얕다
あさがた	朝方	아침나절
あざやかだ	鮮やかだ	선명하다
あし	足	발
あした	明日	내일
あたたかい	暖かい	따뜻하다
あたま	頭	머리
あつい	熱い	뜨겁다
あつい	暑い	덥다
あつまる	集まる	모이다
あつめる	集める	모으다
アパート	apartment	아파트
あぶない	危ない	위임하나

あまい	甘い	달다
あらう	洗う	씻다
ある	有る	(무생물이)있다
あるく	歩く	걷다
いい・よい	良い	좋다
いう	言う	말하다
いえ	家	집
いきる	生きる	살다
いく	行く	가다
いし	石	돌
いす	椅子	의자
いただく	頂く	먹다
いちぶ	一部	일부
いっしょに	一緒に	함께
いぬ	犬	개
いま	今	지금
いる	要る	필요하다
いる	居る	(생물이)있다
いれる	入れる	넣다
いろいろ	色々	여러 가지
うえ	上	위
うごく	動く	움직이다

ウサギ	兎	토끼
うし	牛	소
うちゅう	宇宙	우주
うつくしい	美しい	아름답다
うで	腕	팔
うま	馬	말
うまれる	生まれる	태어나다
うみ	海	바다
うむ	産む	새끼를 낳다
うるさい		시끄럽다
うわぎ	上着	윗옷
うんこ		똥
え	絵	그림
えいが	映画	영화
えいがかん	映画館	영화관
えいぎょうじかん	営業時間	영업시간
えいご	英語	영어
えがお	笑顔	웃는 얼굴
えさ	餌	먹이
えらぶ	選ぶ	고르다
えん	円	(화폐단위)엔
おいしい	美味しい	맛있다

おいる	老いる	늙다
おうじる	応じる	응하다
おうだんほどう	横断歩道	횡단보도
おおい	多い	많다
おおきい	大きい	크다
おおさか	大阪	오사카
おかあさん	お母さん	어머니
おかね	お金	돈
おきる	起きる	일어나다
おこなう	行う	행하다
おじいさん	お爺さん	할아버지
おしえる	教える	가르치다
おそい	遅い	늦다
おちば	落ち葉	낙엽
おちる	落ちる	떨어지다
おとうさん	お父さん	아버지
おとこ	男	남자
おととし	一昨年	재작년
おとな	大人	어른
おどる	踊る	춤추다
おどろく	驚く	놀라다
おなじだ	同じだ	같다

おばさん		아주머니
おはし	お箸	젓가락
おまわりさん	お巡りさん	순경 아저씨
おもい	重い	무겁다
おもう	思う	생각하다
おもしろい	面白い	재미있다
おや	親	부모
およぐ	泳ぐ	헤엄치다
おりる	降りる・下りる	내려오다
おわる	終わる	끝나다
おんがく	音楽	음악
おんせん	温泉	온천
おんな	女	여자
おんなのこ	女の子	여자아이
か		의문사
カード	card	신용카드
かいぎ	会議	회의
かいだん	階段	계단
かいもの	買い物	쇼핑
かう	買う	사다
かえる	帰る	돌아가다
かお	顔	얼굴

かかる		(시간이)걸리다
かく	書く	(글을)쓰다
かさ	傘	우산
かしゅ	歌手	가수
かすかだ	微かだ	희미하다
かぜ	風	바람
かたい	堅い	단단하다
かたち	形	모양
かたな	刀	칼
かたむく	傾く	기울다
がっこう	学校	학교
カッターナイフ	cutter knife	커터칼
かつよう	活用	활용
かなう	叶う	이루어지다
かね	鐘	종
かのじょ	彼女	그녀
かばん	鞄	가방
がまんする	我慢する	참다
かみ	紙	종이
かみいちだんどうし	上一段動詞	상1단동사
かみなり	雷	천둥
かみのけ	髪の毛	머리카락

カメ	亀	거북이
かよう	通う	다니다
からだ	体	몸
かるい	軽い	가볍다
かれ	彼	그
かわいい	可愛い	귀엽다
かわる	変わる	변하다
かんがえる	考える	생각하다
かんこく	韓国	한국
かんじ	漢字	한자
かんじる	感じる	느끼다
き	木	나무
きく	聞く	듣다, 묻다
きたない	汚い	더럽다
きのう	昨日	어제
きほんけい	基本形	기본형
きゅうだ	急だ	급하다
きょう	今日	오늘
きょうしつ	教室	교실
きょうだい	兄弟	형제
きょうと	京都	교토
きょねん	去年	작년

きらいだ	嫌いだ	싫어하다
きる	着る	입다
きる	切る	자르다
きれいだ	綺麗だ	예쁘다
くさ	草	풀
くさい	臭い	악취가 나다
くだもの	果物	과일
くつ	靴	구두
くま	熊	곰
くも	雲	구름
くらい		정도
クラス	class	학급
くる	来る	오다
くろい	黒い	검다
ケーオー	K.O.	케이오
ケーキ	cake	케이크
げつ	月	달
けっこん	結婚	결혼
ける	蹴る	차다
げんき	元気だ	건강하다
げんきん	現金	현금
こ	子	아이

こい	恋	사랑
こえをかける	声をかける	말을 걸다
コーヒーショップ	coffee shop	커피숍
こおり	氷	얼음
こおる	凍る	얼다
こくはく	告白	고백
ここ		여기
ごご	午後	오후
こころ	心	마음
ごぜん	午前	오전
こたえる	答える	대답하다
ごだんどうし	五段動詞	5단동사
こと	事	일
ことし	今年	올해
こども	子供	아이
ごはん	ご飯	밥
ごみ		쓰레기
こみち	小道	골목
これら		이것들
コンビニ	convenience store	편의점
さかな	魚	물고기
さかみち	坂道	비탈길

さく	咲く	피다
さけぶ	叫ぶ	외치다
さける	裂ける	찢어지다
さむい	寒い	춥다
さる	猿	원숭이
さんそ	酸素	산소
さんぽ	散歩	산책
さんぼん	三本	세 자루
じ	字	글자
しあわせ	幸せ	행복
しかくい	四角い	네모지다
しかし		그러나
しかる	叱る	혼내다
じかん	時間	시간
しげき	刺激	자극
しごと	仕事	직업, 일
しずかだ	静かだ	조용하다
しずむ	沈む	가라앉다
しぜん	自然	자연
しっぱい	失敗	실패
しっぽ		꼬리
じてんしゃ	自転車	자전거

じみだ	地味だ	수수하다
しぬ	死ぬ	죽다
ジム	gym	헬스클럽
しめる	閉める	닫다
しもいちだんどうし	下一段動詞	해단동사
しゃしん	写真	사진
じゅうじろ	十字路	사거리
じゆうだ	自由だ	자유롭다
じゅぎょう	授業	수업
しゅっぱつ	出発	출발
しゅるい	種類	종류
しゅんかん	瞬間	순간
じょうずだ	上手だ	잘하다
じょうぶだ	丈夫だ	튼튼하다
しょくぶつ	植物	식물
しる	知る	알다
しろい	白い	하얗다
しんじゅく	新宿	신주쿠
しんせんだ	新鮮だ	신선하다
しんぶん	新聞	신문
すいそ	水素	수소
すう	吸う	빨아들이다

すきだ	好きだ	좋아하다
すきま	隙間	틈새
すこやかだ	健やかだ	튼튼하다
すし	寿司	초밥
すしや	寿司屋	초밥집
すずしい	涼しい	선선하다
すてる	捨てる	버리다
すべて	全て	전부
すべる	滑る	미끄러지다
すみやかだ	速やかだ	재빠르다
すむ	住む	거주하다
する		하다
すわる	座る	앉다
せ	背	키
せいせき	成績	성적
せいちょう	成長	성장
せいぶつ	生物	생물
ぜったい	絶対	절대
せまい	狭い	좁다
せんせい	先生	선생님
せんたく	洗濯	세탁
そこ		거기

そだつ	育つ	자라다
たか	空	하늘
ソロ	solo	솔로
たおれる	倒れる	쓰러지다
たかい	高い	높다
たくさん	沢山	많다
だけ	だけ	뿐
だす	出す	내보내다
たたかう	戦う	싸우다
たち	達	～들
たつ	立つ	서다
たてもの	建物	건물
たべもの	食べ物	음식
たべる	食べる	먹다
ために	ために	～를 위해
だれ	誰	누구
たんご	単語	단어
だんだん	だんだん	점점
ちいさい	小さい	작다
ちかい	近い	가깝다
ちから	力	힘
ちきゅう	地球	지구

ちちおや	父親	부친
チャーミングだ	charming	매력적이다
ちょうど	丁度	딱
ちょうせんにんじん	朝鮮人参	인삼
ちんちんちん		땡땡땡
つかう	使う	사용하다
つく	着く	도착하다
つくえ	机	책상
つくる	作る	만들다
つち	土	흙
つねる	抓る	꼬집다
つばさ	翼	날개
つめたい	冷たい	차갑다
つよい	強い	강하다
て	手	손
で		(수단)〜로
であれ	であれ	〜이든
テーブル	table	테이블
でかける	出かける	외출하다
てがみ	手紙	편지
できる	出来る	할 수 있다
ですから		그래서

デパート	department store	백화점
でる	出る	나오다
テレビ	television	텔레비전
でんき	電気	전기
でんしゃ	電車	전철
ドア	door	문
ドイツ	Deutsch	독일
とうきょう	東京	도쿄
どうし	動詞	동사
どうぶつ	動物	동물
どうぶつえん	動物園	동물원
とうめいだ	透明だ	투명하다
どうろ	道路	도로
とおい	遠い	멀다
とおく	遠く	먼 곳
どきどき		두근두근
とける	解ける	녹다
どこ		어디
ところ	所	곳
とし	年	나이
とても		매우
となり	隣	이웃

とぶ	飛ぶ	날다
とまる	止まる	멈추다
とめる	止める	멈추게 하다
ともだち	友達	친구
とる	取る	잡다
ドル	dollar	달러
な		~하지 마
なか	中	안
ながい	長い	길다
ながさ	長さ	길이
ながす	流す	흘리다
ながら		~하면서
なく	泣く	울다
なげる	投げる	던시다
なければならない		하지 않으면 안 된다
なつ	夏	여름
なに	何	무엇
なにご	何語	어느 나라 말
なまえ	名前	이름
なみだ	涙	눈물
ならぶ	並ぶ	줄 서다
なる		되다

なんど	何度	몇 번
に		～에
におい	匂い	냄새
にぎやかだ	賑やかだ	번화하다
にく	肉	고기
にげる	逃げる	도망가다
にちようび	日曜日	일요일
にほんご	日本語	일본어
にる	似る	닮다
にんげん	人間	인간
ぬぐ	脱ぐ	벗다
ねこ	猫	고양이
ネズミ	鼠	쥐
ねずみあな	鼠穴	쥐구멍
ねだん	値段	가격
ねむい	眠い	졸음이 오다
ねる	寝る	자다
の		～의
のばす	伸ばす	늘이다
のぼる	上る・登る	올라가다
のむ	飲む	마시다
のりかえる	乗り換える	갈아타다

のる	乗る	타다
は	葉	잎사귀
はいせつ	排泄	배설
はいる	入る	들어가다
はく	履く	(바지를)입다
ばけもの	化け物	도깨비
はさみ	鋏	가위
はじめる	始める	시작하다
はしる	走る	달리다
バス	bus	버스
はずかしい	恥ずかしい	부끄럽다
はでだ	派手だ	화려하다
はな	花	꽃
はなしあう	話し合う	서로 이야기하다
はなす	話す	말하다
バナナ	banana	바나나
はは	母	엄마
はやい	速い	빠르다
はやい	早い	이르다
はらう	払う	지불하다
はる	春	봄
ばんぐみ	番組	프로그램

パンツ	pants	바지
はんのう	反応	반응
ひ	日	해
ひかり	光	빛
ひく	引く	빼다
ひくい	低い	낮다
ひこうき	飛行機	비행기
ひと	人	사람
ひどい	酷い	심하다
ひとり	一人	한 사람
ひまだ	暇だ	한가하다
ひも	紐	끈
びょういん	病院	병원
びょうきだ	病気だ	병들다
ひよわだ	ひ弱だ	연약하다
ビル	building	빌딩
プール	pool	수영장
ふえる	増える	늘다
ふかい	深い	깊다
ふきこむ	吹き込む	불어 들어오다
ふく	吹く	불다
ふく	服	옷

ふたつ	二つ	두 개
ふたり	二人	두 사람
ふとる	太る	살찌다
ふゆ	冬	겨울
フランス	France	프랑스
ふる	降る	(비, 눈)내리다
ふるく	古く	오래전
プレゼント	present	선물
ふれる	触れる	만지다
へ		(방향)〜로
へただ	下手だ	서투르다
へや	部屋	방
へる	減る	줄어들다
へんかくどうし	変格動詞	변격동사
べんきょう	勉強	공부
ほう	方	〜쪽
ぼうし	帽子	모자
ボール	ball	공
ほか	他	다른
ほる	掘る	파다
ほん	本	책
ほんだな	本棚	책장

まえ	前	앞
まがる	曲がる	구부러지다
まだ		아직
まち	町	길거리
まつ	待つ	기다리다
まっすぐ	真っ直ぐ	똑바로
まで	まで	～까지
まど	窓	창문
まるい	丸い	둥글다
マンション	mansion	맨션
みえる	見える	보이다
みぎ	右	오른쪽
みじかい	短い	짧다
みず	水	물
みずうみ	湖	호수
みち	道	길
みなみ	南	남쪽
みみ	耳	귀
みょうじ	名字	(이름)성
みる	見る	보다
ミルク	milk	우유
みんな	皆	모두

むかう	向う	향하다
むずかしい	難しい	어렵다
むすこ	息子	아들
むすぶ	結ぶ	묶다
むせいぶつ	無生物	무생물
むね	胸	가슴
むら	村	마을
むり	無理	무리
め	目	눈
も		~도
もちあげる	持ち上げる	들어 올리다
もつ	持つ	가지다
もの	物	물건
やさしい	易しい	쉽다
やすむ	休む	쉬다
やせる	痩せる	야위다
やだ	嫌だ	싫어하다
やまのてせん	山ノ手線	(지하철)야마노테선
やわらかい	柔かい	부드럽다
ゆうびんきょく	郵便局	우체국
ゆうめいだ	有名だ	유명하다
ゆうわく	誘惑	유혹

ゆめ	夢	꿈
ゆるやかだ	緩やかだ	완만하다
よこになる	横になる	눕다
よむ	読む	읽다
より		~보다
よる	夜	밤
よわい	弱い	약하다
ライオン	ライオン	사자
ライトきょうだい	Wright兄弟	라이트형제
らいねん	来年	내년
リスタート	restart	다시 시작하다
リスト	list	리스트
りんご		사과
りんこく	燐国	이웃나라
れい	例	예
れいぞうこ	冷蔵庫	냉장고
れんしゅうもんだい	練習問題	연습문제
ロックする	lock-	잠그다
ワールドカップ	World cup	월드컵
わかい	若い	젊다
わく	沸く	끓다
わたし	私	나

わたる	渡る	건너다
わやわや		시끌벅적
わらう	笑う	웃다
わるい	悪い	나쁘다
われる	割れる	깨지다

基礎文法
BASIC GRAMMAR

● ● ●

형용사 활용

- あつい : 뜨겁다
- あついです : 뜨겁습니다
- あつくない : 뜨겁지 않다
- あつくないです : 뜨겁지 않습니다
- あつくありません : 뜨겁지 않습니다
- あつかった : 뜨거웠다
- あつかったです : 뜨거웠습니다
- あつくなかった : 뜨겁지 않았다
- あつくなかったです : 뜨겁지 않았습니다
- あつくありませんでした : 뜨겁지 않았습니다
- あつい+へや : 뜨거운 방
- あつく+なる : 뜨거워지다
- あつくない+へや : 뜨겁지 않은 방
- あつくて+いい : 뜨겁고 좋다
- あつければ+たべる : 뜨거우면 먹는다

형용동사 활용

- **しずかだ** : 조용하다
- **しずかです** : 조용합니다
- **しずかではない** : 조용하지 않다
- **しずかではないです** : 조용하지 않습니다
- **しずかではありません** : 조용하지 않습니다
- **しずかだった** : 조용했다
- **しずかでした** : 조용했습니다
- **しずかではなかった** : 조용하지 않았다
- **しずかではなかったです** : 조용하지 않았습니다
- **しずかではありませんでした** : 조용하지 않았습니다
- **しずかな+へや** : 조용한 방
- **しずかに+なる** : 조용해지다
- **しずかではない+へや** : 조용하지 않은 방
- **しずかで+いい** : 조용하고 좋다
- **しずかなら+たべる** : 조용하면 먹는다

5단동사 활용 る로 끝나지 않는 5단동사

- **はなす** : 말하다
- **はなさない** : 말하지 않다
- **はなします** : 말합니다
- **はなした** : 말했다
- **はなしたい** : 말하고 싶다
- **はなしたら** : 말한다면
- **はなして+みる** : 말해보다
- **はなし** : 말하고
- **はなす+ひと** : 말하는 사람
- **はなせ** : 말해라
- **はなせば** : 말하면
- **はなせる** : 말할 수 있다
- **はなそう** : 말하자

る로 끝나는 5단동사 **5단동사 활용**

- **おくる** : 보내다
- **おくらない** : 보내지 않다
- **おくります** : 보냅니다
- **おくった** : 보냈다
- **おくりたい** : 보내고 싶다
- **おくったら** : 보낸다면
- **おくって+みる** : 보내보다
- **おくり** : 보내고
- **おくる+ひと** : 보내는 사람
- **おくれ** : 보내라
- **おくれば** : 보내면
- **おくれる** : 보낼 수 있다
- **おくろう** : 보내자

5단동사 활용 く로 끝나는 5단동사

- **かく** : 쓰다
- **かかない** : 쓰지 않다
- **かきます** : 씁니다
- **かいた** : 썼다
- **かきたい** : 쓰고 싶다
- **かいたら** : 쓴다면
- **かいて+みる** : 써보다
- **かき** : 쓰고
- **かく+ひと** : 쓰는 사람
- **かけ** : 써라
- **かけば** : 쓰면
- **かける** : 쓸 수 있다
- **かこう** : 쓰자

ぐ로 끝나는 5단동사 **5단동사 활용**

- **およぐ** : 헤엄치다
- **およがない** : 헤엄치지 않다
- **およぎます** : 헤엄칩니다
- **およいだ** : 헤엄쳤다
- **およぎたい** : 헤엄치고 싶다
- **およいだら** : 헤엄친다면
- **およいで+みる** : 헤엄쳐보다
- **およぎ** : 헤엄치고
- **およぐ+ひと** : 헤엄치는 사람
- **およげ** : 헤엄쳐라
- **およげば** : 헤엄치면
- **およげる** : 헤엄칠 수 있다
- **およごう** : 헤엄치자

5단동사 활용 む・ぶ・ぬ로 끝나는 동사

- **よむ** : 읽다
- **よまない** : 읽지 않다
- **よみます** : 읽습니다
- **よんだ** : 읽었다
- **よみたい** : 읽고 싶다
- **よんだら** : 읽는다면
- **よんで+みる** : 읽어보다
- **よみ** : 읽고
- **よむ+ひと** : 읽는 사람
- **よめ** : 읽어라
- **よめば** : 읽으면
- **よめる** : 읽을 수 있다
- **よもう** : 읽자

5단 활용하는 상하1단동사 예외5단동사 활용

- **はしる** : 달리다
- **はしらない** : 달리지 않다
- **はしります** : 달립니다
- **はしった** : 달렸다
- **はしりたい** : 달리고 싶다
- **はしったら** : 달린다면
- **はしって+みる** : 달려보다
- **はしり** : 달리고
- **はしる+ひと** : 달리는 사람
- **はしれ** : 달려라
- **はしれば** : 달리면
- **はしれる** : 달릴 수 있다
- **はしろう** : 달리자

상단동사 활용 る앞이 い단인 동사

- **おきる** : 일어나다
- **おきない** : 일어나지 않다
- **おきます** : 일어납니다
- **おきた** : 일어났다
- **おきたい** : 일어나고 싶다
- **おきたら** : 일어난다면
- **おきて+みる** : 일어나보다
- **おき** : 일어나고
- **おきる+ひと** : 일어나는 사람
- **おきろ** : 일어나라
- **おきれば** : 일어나면
- **おきられる** : 일어날 수 있다
- **おきよう** : 일어나자

る앞이 え단인 동사 **하1단동사 활용**

- **たべる** : 먹다
- **たべない** : 먹지 않다
- **たべます** : 먹습니다
- **たべた** : 먹었다
- **たべたい** : 먹고 싶다
- **たべたら** : 먹는다면
- **たべて+みる** : 먹어보다
- **たべ** : 먹고
- **たべる+ひと** : 먹는 사람
- **たべろ** : 먹어라
- **たべれば** : 먹으면
- **たべられる** : 먹을 수 있다
- **たべよう** : 먹자

さ행 변격동사 활용 する

- **する** : 하다
- **しない** : 하지 않다
- **します** : 합니다
- **した** : 했다
- **したい** : 하고 싶다
- **したら** : 한다면
- **して+みる** : 해보다
- **し** : 하고
- **する+ひと** : 하는 사람
- **しろ** : 해라
- **すれば** : 하면
- **できる** : 할 수 있다
- **しよう** : 하자

くる か행 변격동사 활용

- **くる** : 오다
- **こない** : 오지 않다
- **きます** : 옵니다
- **きた** : 왔다
- **きたい** : 오고 싶다
- **きたら** : 온다면
- **きて+みる** : 와보다
- **き** : 오고
- **くる+ひと** : 오는 사람
- **こい** : 와라
- **くれば** : 오면
- **こられる** : 올 수 있다
- **こよう** : 오자

Restart 日本語 문법

1판 1쇄 2009년 7월 25일
  16쇄 2018년 1월 30일

지 은 이 바른일어연구회
발 행 인 주정관
발 행 처 북스토리㈜
주   소 경기도 부천시 길주로 1 한국만화영상진흥원 311호
대표전화 032-325-5281
팩시밀리 032-323-5283
출판등록 1999년 8월 18일 (제22-1610호)

이 메 일 bookstory@naver.com
홈페이지 www.ebookstory.co.kr

ISBN 978-89-93480-23-8 13730
      978-89-93480-25-2 (세트)

※ 잘못된 책은 바꾸어드립니다.